評伝 成牛渓

朝鮮の孔子廟と儒学者

矢木 毅 著

臨川書店

目次

はしがき

ソウルの地下鉄「恵化駅《ヘファヨク》」の出口から大学路《テハンノ》の雑踏を抜けて西北に進むと成均館大学校のキャンパスに至る。そこには儒教文化の伝統を今に伝える文廟《ぶんびょう》（孔子廟）が現存しており、孔子とその弟子たちとを祀る大成殿《たいせいでん》や、その裏手に建てられた明倫堂《めいりんどう》（講堂）などの建物が人々の目を引き付けているが、今はそれらには構わず、大成殿の前庭を取り囲む東西の建物（東西廡）に目を凝らしてみることにしよう。

かつての私がそうであったように、ほとんどの人はこの東西廡《とうざいぶ》（東西両廡）の存在を見過ごしてしまう。しかしここにはかつて、孔子の学問を受け継ぐ中国の歴代の儒学者たち、および李滉《りこう》（号は退渓）などに代表される朝鮮の歴代の儒学者たちの位牌が祀られていた。孔子をお祀りするついでにその学統を受け継ぐ儒学者たちについても一緒にお祀りをしているわけで、これを「文廟従祀《ぶんびょうじゅうし》」というのである。

もちろん、朝鮮の儒学者たちにとっては大変な名誉であり、だれを「従祀」の対象とするのかは、朝鮮国内においては朝鮮国王が儒学者たちの輿論《よろん》を踏まえて決定していた。そうしてひとたび文廟従祀が決まると、ソウルのみならず八道《はちどう》（朝鮮国の全土）の州県にそれぞれ建てられている地方の郷校《きょうこう》の文廟にも、朝鮮の儒学者たちの位牌が孔子とともに祀られることになる（『大典会通』礼典、祭礼）。当人はもとより、全国に散らばるその門人たちや末裔たちにとっても大変な名誉となったことは言うまでもあるまい。

ただし、朝鮮時代には儒学者たちの間で党派の争いがたびたび起こり、国王が儒学者たちの輿論を踏まえていったん従祀の対象者を決定しても、後には輿論の動向が変わってその決定が取り消されてしまうこともあった。これを祭祀の対象からしりぞけるという意味で「黜享《ちゅっきょう》」というが、こちらは孔子の弟子として失格という烙印を捺されるわけであるから、大変な不名誉である。

もとより従祀されたり黜享されたりする当の儒学者たちはとっくに亡くなっているので、幽明境を異にした彼らにとってはどちらでも構わないようなものであるが、逆にその門人たちや末裔たちにとってはまさしく自らの社会的な名誉をかけた大問題となる。そこで黜享された儒学者についてその冤罪を訴えるキャンペーンが展開され、それが功を奏した場合には当該の儒学者についてふたたび文廟従祀の列に加える「復享《ふくきょう》」の措置が取られることになる。

今日、文廟の東西廡は空っぽになっているが、それは植民地支配からの解放（いわゆる光復）の翌年（一九四六）に、折からのナショナリズムの高揚に伴って東西廡の「東国十八賢」[1]の位牌を大成殿の殿内に移し、もともと大成殿に祀られていた四聖・十哲、および宋朝六賢以外の、他の中国の儒学者たち九十四人の東西廡の位牌は土に埋めて廃棄してしまったためにほかならない。[2]こう

図1　大成殿

図2　明倫堂

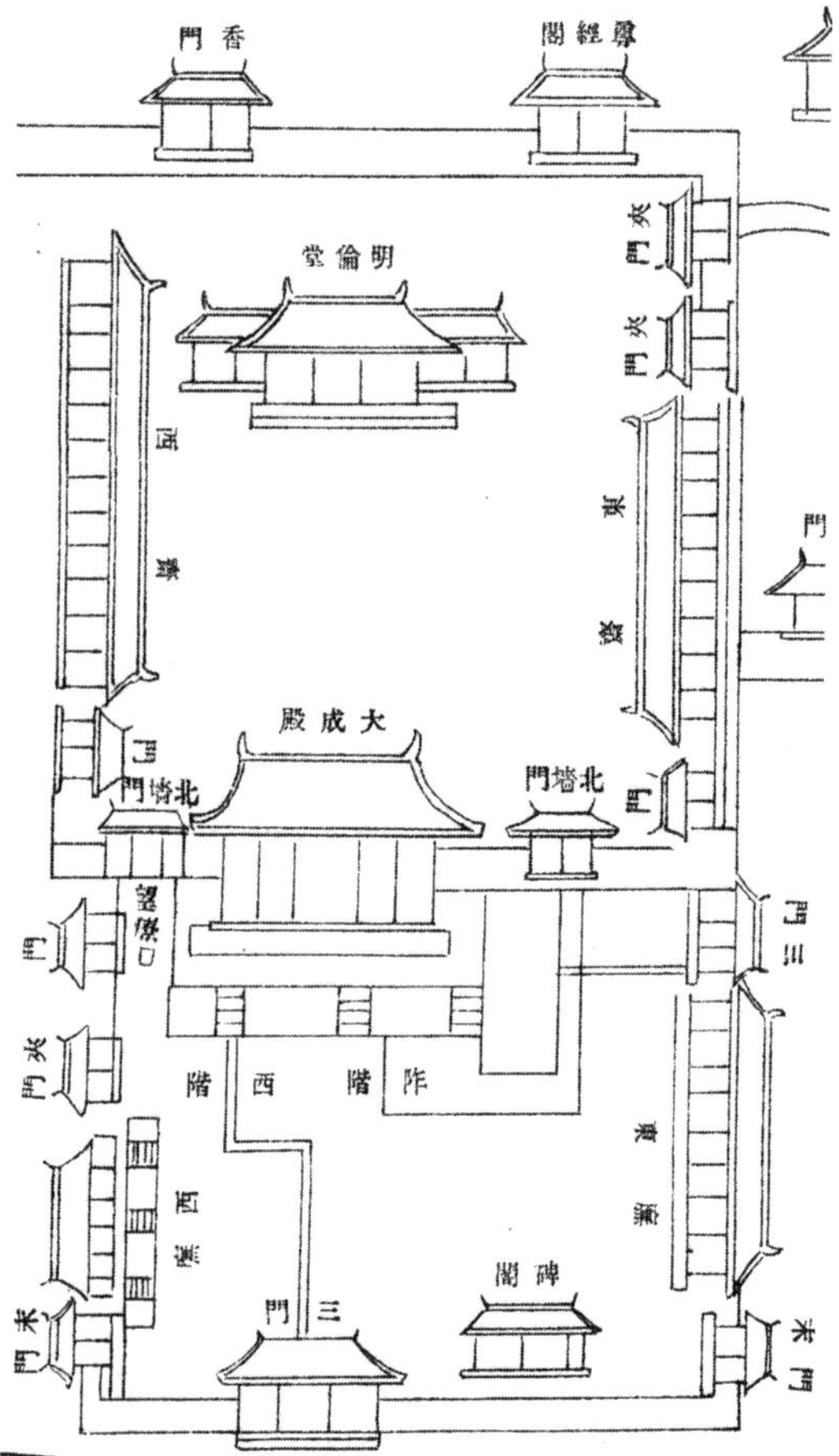

図3　泮宮図（朝鮮文廟及陞廡儒賢）

した措置は文廟の「自国化」の歴史において極めて重要な意味をもっている。しかしそれについてはまた別個の課題として、本書では特にそれ以前の歴史——具体的には【表1】に示した「東国十八賢」の顔ぶれが決まるまでの朝鮮儒学者たちの文廟従祀の変遷について考察しておきたい。

この十八人の顔ぶれが決まるまでには一波瀾も二波瀾もあったが、なかでも特に論争の激しかっ

表１　文廟従祀（今日）

(西)			孔子			(東)
②崔致遠	冉耕	曽子		顔子	閔損	①薛聡
④鄭夢周	宰予	孟子		子思子	冉雍	③安珦
⑥鄭汝昌	冉求				端木賜	⑤金宏弼
⑧李彦迪	言偃				仲由	⑦趙光祖
⑩金麟厚	顓孫師				卜商	⑨李滉
⑫成渾	程顥				周敦頤	⑪李珥
⑭趙憲	邵雍				程頤	⑬金長生
⑯宋時烈	朱熹				張載	⑮金集
⑱朴世采						⑰宋浚吉

たのは、いわゆる「西人」の領袖と目されていた李珥《りじ》（号は栗谷《りっこく》）と成渾《せいこん》（号は牛渓《ぎゅうけい》）の「両賢」に対する取扱いに関してである。二人の生涯はそれぞれ切っても切れない関係にあるが、本書ではしばらく成渾のほうにスポットを当て、彼をめぐる生前・没後の毀誉褒貶の歴史をたどっていくことにしよう。

成渾は我が国ではそれほど知られていないが、実は「壬辰の乱（文禄の役）」に際して日本との講和問題にも深く関わりをもった人物である。その生涯をたどることによって、いわゆる「党争」に明け暮れた朝鮮時代の儒教社会の特質についても考えてみたい。

（1）四聖は顔子・曽子・子思子・孟子。十哲は閔損・冉耕・冉雍・宰予・端木賜・冉求・仲由・言偃・卜商・顓孫師。宋朝六賢は周敦頤・程顥・程頤・邵雍・張載・朱熹。彼らは朝鮮儒学の源流としてソウルの文廟に残されたわけである。

（2）『ソウル文廟：実測調査報告書（上）』（韓国・文化財庁、二〇〇六年）、二八五頁、参照。

第一章　士林の名流

成渾《せいこん》（号は牛渓《ぎゅうけい》、一五三五〜一五九八）の生涯を語るためには、まずその父親である成守琛《せいしゅちん》（号は聴松《ちょうしょう》、一四九三〜一五六四）と、その同世代の人々の生きざまから紹介しておかなければならない。成守琛は趙光祖《ちょうこうそ》（号は静庵《せいあん》）の門に出入してその薫陶を受けたといわれている。その趙光祖が「己《き》卯《ぼう》士《し》禍《か》」の犠牲となったことは、成渾の父親である成守琛の世代の人々に暗い影を落としていた。

第一節　士禍の時代

勲旧派と士林派

朝鮮王朝の支配体制は第七代国王である世祖《せいそ》（在位一四五五〜一四六八）の時代にほぼ確立した。世祖の定めた諸制度は、彼が編纂を命じ、孫の成宗《せいそう》（在位一四六九〜一四九四）の時代に完成した『経国大典』に結実している。実に世祖こそは朝鮮王朝の第二の建国者であった。通例、王朝の創始者に与えられる「祖」の廟号が、李《り》成桂《せいけい》、改め太祖李《り》旦《たん》の次に、彼「世祖」に与えられていることも、決して理由のないことではない。

しかし、彼には道義的な欠点があった。ほかでもない、おいの魯山君《ろざんくん》（後の端宗《たんそう》）から国王の位を奪い取り、彼を死に追い遣ったという血まみれの汚名である。この汚名については王室のタブー

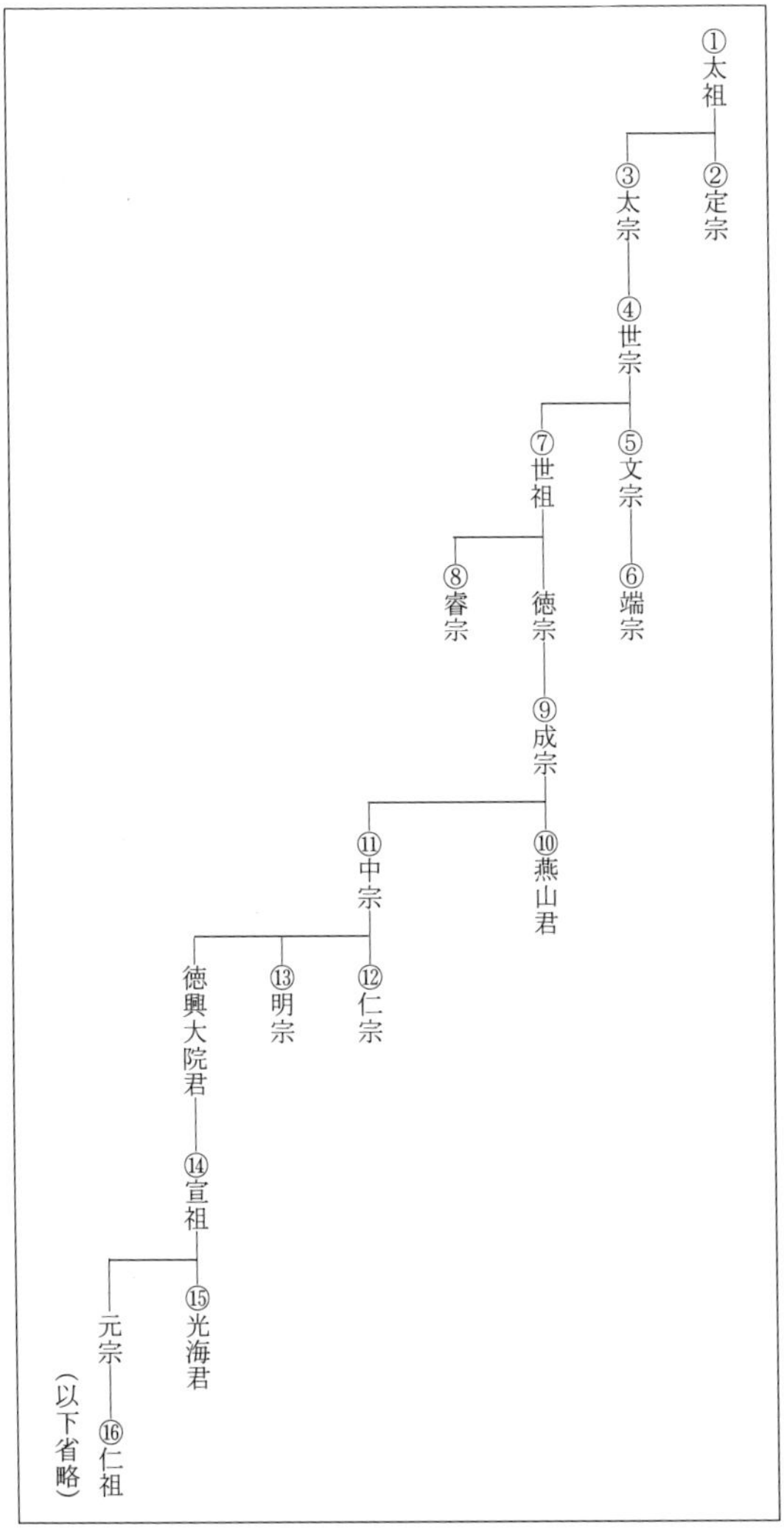

朝鮮王室系図１
＊丸数字は即位の順

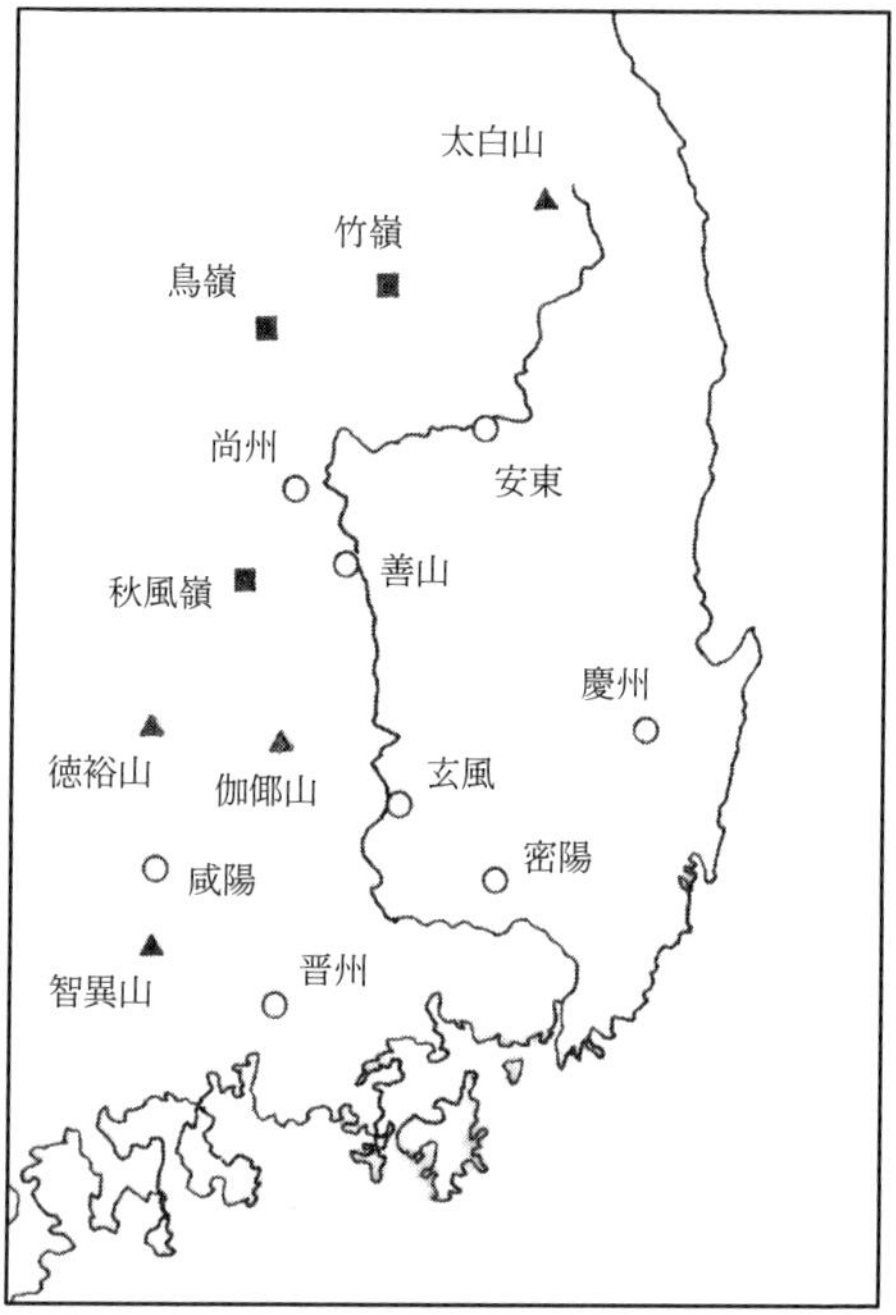

地図1　嶺南士林派のふるさと

として長く封印されていたが、それでも世祖の没後、孫の成宗の時代に入ると次第に朝廷内の世代交代が進み、儒教的な名分論の立場から世祖とその功臣たち――いわゆる「勲旧派」――に対する道義的な批判の声が高まってくる。金《きん》宗直《そうちょく》の門人である南孝温《なんこうおん》が著した「六臣伝《りくしんでん》」――魯山君の復位を図って殺された、いわゆる「死六臣」の伝記――は、その先駆けであった。

一方、勲旧派の後見のもとに幼くして即位した成宗は、やがて親政を開始すると勲旧派の束縛を離れて独自に権力基盤を構築しようとした。その手掛かりとしてまず金宗直（一四三一～一四九二）とその門人たちを登用する。金宗直は慶尚道・密陽の出身で、同じく慶尚道の咸陽や善山に地方官として赴任した際に多くの門弟を育てた。その多くは慶尚道の在地士族で、たとえば金宏弼《きんこうひつ》の実家は玄風にあり、鄭汝昌《ていじょしょう》の実家は咸陽にある。彼らは儒教の入門書である『小学』に説かれた日常道徳や「古礼」の実践——たとえば父母に対する「三年喪」の実践——に努め、郷村社会における威信と声望とを背景として、やがて中央の政界へとこぞって進出していった。

成宗はこうした儒教知識人たち——いわゆる「士林派」——の勢力を朝廷内に取り込むことによって勲旧派と士林派の勢力を均衡させ、その均衡のうえに自己の絶対的な権力を確立しようとしたのであろう。しかし世祖以来の勲旧派の功臣（ないしその子孫）たちは、こうした士林派の擡頭を、内心、快くは思っていない。なかには勲旧家門の出身でありながらも士林派に心を寄せた成守琛・成渾父子や、金継輝《きんけいき》・金長生《きんちょうせい》父子のような例もないではないが、それはどちらかというと例外といえよう。

このため成宗の息子の燕山君《えんざんくん》（在位一四九五〜一五〇六）の時代には、勲旧派と士林派の対立に端を発する、いわゆる「士禍《しか》」が頻発した。

戊午・甲子の士禍

成宗によって引き立てられた金宗直は、多くの門人たちを育成して後世「士林派」の祖とみなされることになる人物である。しかし、その作品「義帝を弔《とむら》う文（弔義帝文）」の内容が、恐れ多くも世祖を誹謗しているとして没後に問題視され、これが燕山君四年（一四九八）のいわゆる「戊午《ぼご》士禍」——実録の草稿（史草）の記述が発端となったので「史禍」ともいう——の導火線となった。項羽に殺された楚の義帝を悼んだこの文章は、実は義帝を魯山君（端宗）に擬して、暗に世祖による魯山君からの王位簒奪を指弾している、というのである。

このため、当時すでに亡くなっていた金宗直は「剖棺斬屍《ぼうかんざんし》」——墓を暴いて屍体を斬首すること——の極刑に処せられ、彼の門弟たちは軒並み朝廷から追放となった。後世、文廟従祀の列に加えられることになる金宏弼（一四五四～一五〇四）と鄭汝昌（一四五〇～一五〇四）もまた、このとき金宗直の門人として刑に服している。

このうち、鄭汝昌は「乱言」の罪——具体的には、世祖を誹謗した金宗直を称賛した罪——で「決杖一百・流三千里」の判決を受け、咸鏡道の鍾城に流配されて庭燎干（庭のかがり火の当直）の労役に充てられているが、金宏弼の処分はこれより少し軽く、「朋党」の罪——金宗直の徒党となって朝廷の秩序を乱した罪——で「決杖八十・遠方付処」の判決を受け、平安道の熙川郡に流配されている。付処とは労役を免除した流配、いわば流刑未満の流配である。

燕山君六年（一五〇〇）、金宏弼は平安道の饑饉を理由に全羅道の順天に移配されるが、引き続いて起こった燕山君十年（一五〇四）の「甲子士禍」により、「斬首」の刑を受けてさらし首（梟首）となった（享年五十一歳）。このころ、金宗直の門人たちが復讐を図っていると誣告するものがあったために、彼らに改めて追加の刑罰が下されたのである。

これより先、鄭汝昌は燕山君十年（一五〇四）四月一日にすでに鍾城の配所で亡くなっていた（享年五十五歳）。しかし、その彼にも追加の処罰が下り、いわゆる「剖棺斬屍」の刑が執行された。儒教知識人たちの受難の時代である。

心学

金宏弼と鄭汝昌の二人は後世文廟に従祀されることになるので、ここで少し先回りをして二人の学風を紹介しておくことにしよう。

あるとき彼らは「心学」を論じて次のような対話を交わしたという（鄭汝昌『文献公実紀』行状）。

鄭汝昌――学んで「心」を知らなければ、学問をする甲斐がない。

金宏弼――「心」はどこにあるのか。

鄭汝昌――どこにでもあるが、どこにもない（無乎不在、亦無有処）。

なにやら禅問答めいているが、ともあれ、このころから知識人たちの関心が「心」のあり方に向かっていたことはわかる。人間の「心」のはたらきを、「理」と「気」の作用として精緻に分析していくいわゆる「性理学」は、高麗末、鄭夢周《ていぼうしゅう》によって東方に伝えられたといわれている。そうしてその学統は、鄭夢周、吉再《きっさい》、金叔滋《きんしゅくじ》、金宗直を通して金宏弼と鄭汝昌の二人へと受け継がれ、金宏弼から趙光祖へと伝えられていくことになるのである。

丙寅反正

儒教知識人たちへの弾圧を繰り返した燕山君は、あまりの暴政ぶりからついには勲旧派にも見放され、弟の晋城君（後の中宗）が代わりの国王として擁立される。中宗元年（一五〇六）の、いわゆる「丙寅反正《へいいんはんせい》」である（反正とは正しきに反《かえ》す意）。

この中宗（在位一五〇六～一五四四）の時代には「士禍」の犠牲となった人々に対する名誉回復が進み、金宗直、金宏弼、鄭汝昌らもそれぞれに官職を追復された。しかし、政治の中枢は依然として世祖以来の勲旧派によって占められており、彼らは「反正」の功臣として従来どおりに権勢をふるっている。

これに飽き足らない士林派の人々は、金宗直らの名誉回復をてこにさらに政界への進出を図り、互いに連携を取りながら儒教の理想政治――いわゆる「堯舜の治」――を本気で実現させようとしていた。

己卯士禍

これよりさき、金宏弼は流配先の熙川でひとりの若者と出会っている。平安道・寧辺管内の魚川駅（熙川の隣）に察訪（駅伝事務の監督官）として赴任していた父親に従い、その官舎に滞在していた趙光祖《ちょうこうそ》（一四八二～一五一九）は、このとき数え十七歳。彼こそは「己卯名賢《きぼう》」の一人として、後世、儒教知識人たちの絶対的な尊崇を集めることになる人物である。彼は罪人である金宏弼のもとに通って『小学』を学び、そこで教わった学問・道徳を基礎として、やがて政界へと進出する。

趙光祖は中宗の寵遇を得て「賢良科」という推薦制の科挙を実施し、同志を一斉に登用していわゆる「堯舜の治」の実現を図った。しかし、その過程で「偽勲」の削奪――丙寅反正に際して功績もないのに叙勲を受けたものの排除――を主張したことが勲旧派の反感を買って「朋党」形成の罪に問われ、志半ばにして全羅道の綾城県に流配されたが、その後、さらに当地で「賜死」の処分を受ける（享年三十八歳）。賜死とは毒杯による自殺の強要のこと。このとき趙光祖の同志たちもその多くが命を落とし、または朝廷から追放される。これが中宗十四年（一五一九）の「己卯士禍」と呼ばれる出来事である。

この間、成守琛の弟の成守琮《せいしゅそう》（一四九五～一五三三）は趙光祖の門人として「賢良科」に及第しているが、師の失脚のあおりを受けて「削科（合格取り消し）」の処分を受け、中宗二十八年（一五三三）に失意のうちに早世している（数え三十九歳）。一方、兄の成守琛には特に目立った活動はないが、それでも己卯士禍とその後の弟の死に衝撃を受けていたであろうことは想像に難くない。こうした政界の波瀾を目の当たりにした成守琛は、その後、政界からは意図的に距離を置くようになった。

乙巳士禍

中宗朝の末年、朝廷では王世子（後の仁宗）の母方のおじである尹任《いんにん》と、慶原大君《けいげんたいくん》（後の明宗）の母方のおじである尹元老《いんげんろう》・尹元衡《いんげんこう》兄弟との対立がしだいに激しくなっていった。もとより王位継承をめぐってのさや当てである。次に中宗が亡くなって仁宗《じんそう》が即位すると、仁宗は政界の刷新をはかって「己卯名賢」の名誉回復を進めた。しかし仁宗の治世は短命に終わり、弟の明宗《めいそう》が幼くして即位すると、母后の文定王后《ぶんていおうごう》が「垂簾聴政《すいれんちょうせい》」を開始し、王権の基礎を固めるためにさっそくライバルたちの粛清を始めた。いわゆる「乙巳士禍《いつししか》」の始まりである。

まずは文定王后の「密旨」により、尹任・柳灌《りゅうかん》・柳仁淑《りゅうじんしゅく》などの、いわゆる「大尹」の勢力に処罰が下る。このとき、「密旨」による処罰に反対した台官の白仁傑《はくじんけつ》（一四九七〜一五七九）が罷免されると、以後、弾圧への歯止めが利かなくなったために、結局、尹任・柳灌・柳仁淑の三人には「賜死」の処分が下り、その後、さらに桂林君瑠を擁して王位の簒奪を図ったという濡れ衣によって「追刑」を加えられた。つまり、没後に「死刑」を加えた、ということである。

次いで明宗二年（一五四七）、ソウル南郊の良才駅において、文定王后を誹謗する次のような「壁書」が見つかる。

——女主、政を上に執り、奸臣、権を下に弄《もてあそ》ぶ。国の将《まさ》に亡びんとすること、立ちどころにして待つべし。

女主とは明宗の母后の文定王后、奸臣とはその弟の尹元衡、そのほかの人々にほかならない。こうした「邪論」が広がるのも乙巳年の処分が手ぬるかったためであるとの名目で、上述の白仁傑は安辺に流配され、それ以外にもさらに多くの知識人たちが追加の弾圧を受けた（丁未士禍）。そのうちの一人が、後に文廟従祀の対象となる李彦迪《りげんてき》（一四九一～一五五三）で、彼は平安道の江界府に安置（流配のうえ軟禁）され、その六年後に配所で亡くなっている（享年六十三歳）。

さらに明宗四年（一五四九）、尹任の残党による謀反を誣告するものがあって、再び多くの人々が弾圧を受ける（己酉士禍）。このとき弾圧に便乗して敵対する忠州の在地士族を陥れようと誣告した者を、道の長官である監司の李瀣《りかい》（一四九六～一五五〇）が懲らしめのために捕らえて杖殺すると、李瀣は逆に「護逆」の罪、つまり口封じのために貴重な証人を杖殺し、逆徒をかばったという、あらぬ罪に問われて咸鏡道の甲山に流配され、そのときの拷問の傷がもとで、配所に向かう旅の途中で亡くなってしまう（享年五十五歳）。

この李瀣という人が、やはり後に文廟に従祀される李滉《りこう》（号は退渓）の実兄に当たる。

谷間の時代

こうした苛酷な現実を目の当たりにした李滉（一五〇一〜一五七〇）は、明哲保身《めいてつほしん》の姿勢をとって政界とは意図的に距離をおいた。明宗の初年、李滉は大司成に登用され、ついで工曹参判に移ったが、すぐに辞職して田舎に引きこもってしまう。その後、文定王后と尹元衡とが相次いで亡くなると、明宗は政界の刷新を期して李滉を「同知中枢府事」、ついで「大提学」に任命し、何とか彼を朝廷に招こうとした。また明宗が亡くなって宣祖が即位したときにも、宣祖は李滉を「礼曹判書」に任命して朝廷にとどめようとしたが、李滉は相変わらず出仕を辞退している。

宣祖が即位して以降、白仁傑、盧守慎《ろしゅしん》、柳希春《りゅうきしゅん》など、いわゆる「乙巳士禍」によって政界を追われた人々の名誉回復と政界への復帰は一定程度進んだものの、すでに心に傷を負っている彼らの存在は、宣祖朝の政界を一新するほどの勢力には至っていない。上述の李滉と同様、後世、文廟従祀の列に加えられることになる金麟厚《きんりんこう》（一五一〇〜一五六〇）なども、この時期、政界への進出を意図的に避けながら生涯を送った知識人たちの一例といえよう。

当時の普通の知識人であれば、ひたすら「科挙」の学問に打ち込み、なんとか官界に打って出ようとするのが一般的な生きざまである。しかし、成渾の父である成守琛は、そうした利禄の道には一切背を向けて、ひたすら自己の道徳の完成と、身近な郷村社会における日常的な「礼」の実践とに専念していた。そうした人々の営みが、ひそかに次の時代の新たな思潮を用意していたのである。

第二節　遺逸の登用

中央の政界とは距離を保ち、郷村社会に留まって日常道徳の実践にいそしんでいた儒学者たちのことを、このころ「遺逸《いいつ》」と称していた。朝廷の官人に対して、在野の有徳者というほどの意味である。しかし在野の有徳者を朝廷に招くことができないのは、結局は国王の不徳の致すところ。このため「士禍」の嵐がようやくに収まってくると、朝廷ではたびたび「遺逸」を登用して内外に政界の刷新をアピールするようになっていった。

たとえば、中宗三十五年（一五四〇）、国王は東班正三品以上、西班二品以上の高官たちに、それぞれ知るところの「遺逸之士」の推薦を命じているが、これは「己卯」以後における「遺逸」の登用の走りといえる。このとき、多くの人が成守琛《せいしゅちん》を推薦した。また明宗七年（一五五二）にも「遺逸」の登用が行われたが、このときには成守琛、曹植《そうしょく》、李希顔《りきがん》、成悌元《せいていげん》、趙昱《ちょういく》の五人が推薦され、朝廷ではそれぞれに六品の官職を与えて地方官に任命した。さらに、明宗二十一年（一五六六）にも李恒《りこう》、曹植、成運《せいうん》などが「経明行修《けいめいこうしゅう》」の士として推薦され、それぞれに六品の官職を与えて地方官に任命した。このうち、成守琛は成渾の父。成運は成守琛の従弟（いとこ）であるから、成渾にとっては従叔にあたる。

ただし、彼らの多くは官職を拝命せず、拝命してもすぐに辞職して郷里に引きこもってしまった。このように一度は朝廷に召し出されながらも、結局、官職の拝命を辞退した人のことを「徴《ちょう》君《くん》」、または「徴士《ちょうし》」という。歴史上、もっとも著名な徴君といえば中国・東晋時代の陶淵明《とうえんめい》であるが、これら東国の陶淵明たちも、それぞれに清廉潔白な人格者として人々の尊崇を集めていたのである。

成守琛

成守琛《せいしゅちん》（一四九三〜一五六四）は成渾の父。このころの「遺逸」の代表例といえよう。もともと彼は大司憲まで務めた成世純《せいせいじゅん》という高官の息子であり、普通であれば「両班《ヤンバン》」として何の問題もない生涯を送ったはずの人であった。しかし、弟の成守琮とともに趙光祖の門下に出入し、己卯士禍を目の当たりにしたことが彼の人生を大きく変え、その後は病弱のためもあって意図的に官界への進出を避けるようになった。そうして科挙の受験すら放棄し、いつまで経っても「幼学」にとどまっている。幼学とは生員・進士・及第などの学位を持たない儒学生のことであるが、彼の場合は学位を獲得できなかったのではなく、しなかったのである。

利禄の道に背を向けている以上、その暮らしむきは必ずしも裕福なものとはいえない。しかし、父から受け継いだ家産と「遺逸」としての社会的な名声は、成守琛のような在野の知識人を地方守令の収奪から保護する楯としての役割を果たしている。当然、世間一般の地主や自営農と比べると、彼ら「遺逸」の生活条件は、やはり相当に恵まれていたといってよいであろう。

そもそも彼らに両班（貴族・官人階層）としての社会的・経済的な基盤がなければ、ひたすら「道徳」の実践に専念するなどといった贅沢なことはできない。成守琛の五代祖は礼曹判書の成石因《せいせきいん》、高祖父は議政府左賛成の成抑《せいよく》、曾祖父は漢城府尹の成得識《せいとくしき》。祖父は金浦県令の成忠達《せいちゅうたつ》。父は大司

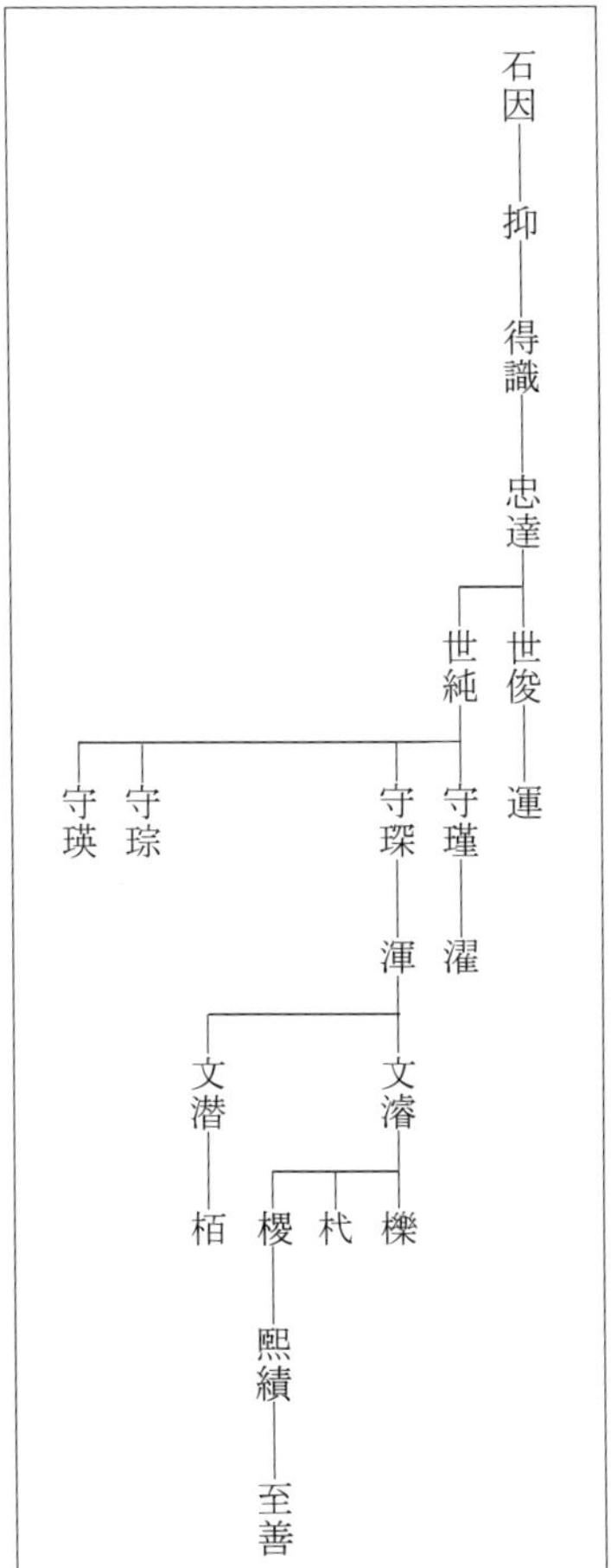

昌寧成氏系図

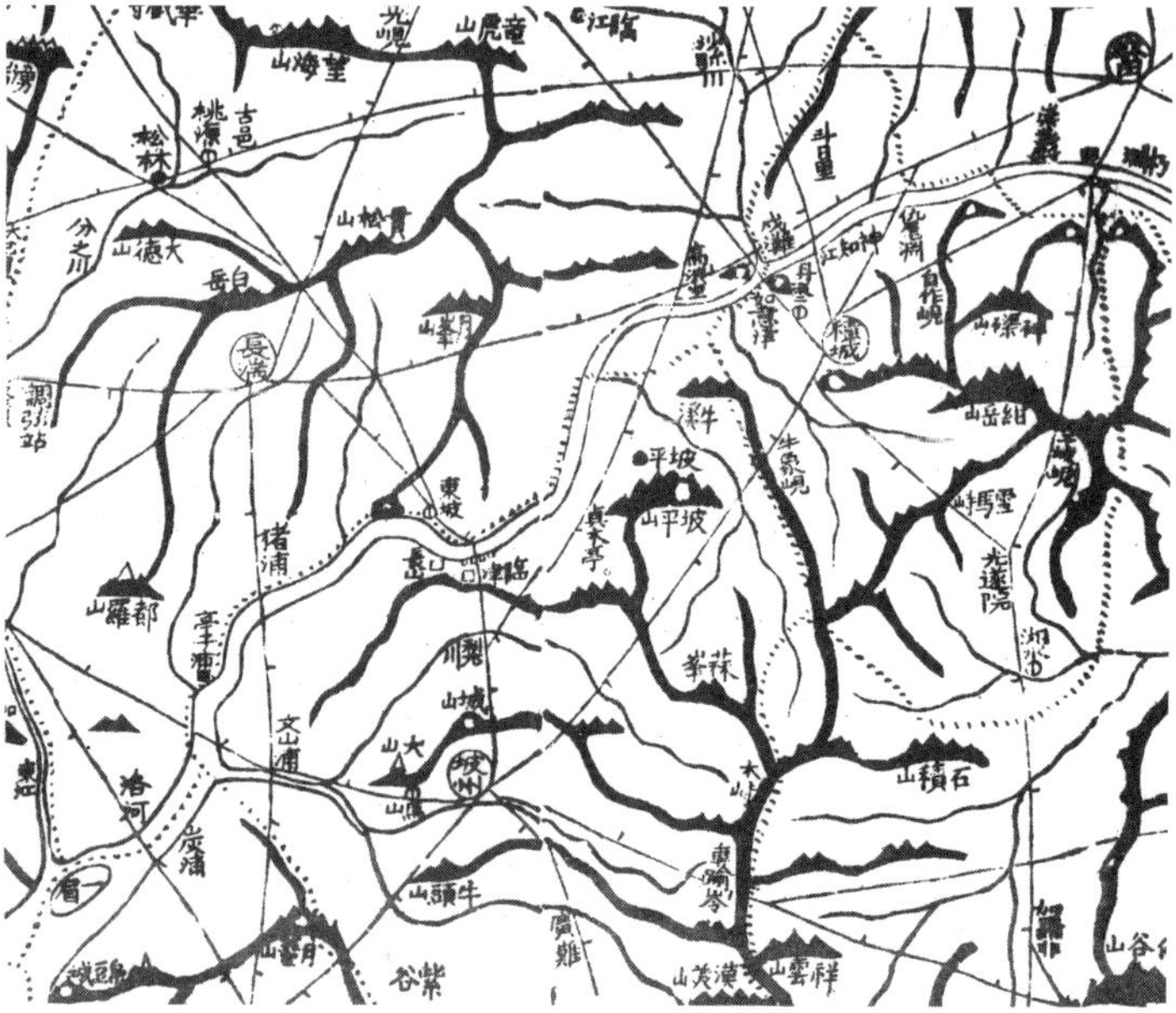

図4　牛渓（大東輿地図、奎章閣叢書影印本）

憲の成世純。代々「両班」の家柄であった成氏一族には、それを可能とするだけの社会的・経済的な資産が蓄積されていたのである。

ソウルから牛渓へ

成守琛にはソウルの北岳山のふもとに父から受け継いだ屋敷があり、彼はここに「聴松堂《ちょうしょうどう》」という庵をかまえて隠遁生活を送っていたが、その後、中宗三十九年（一五四四）、数え五十二歳の年に、ソウルの北方に位置する坡州の坡平山のふもとの牛渓《ぎゅうけい》に移っている。牛渓とはその地を流れる谷川の名前であり、かつその一帯の地名でもある。成守琛の妻（すなわち成渾の母）は坡平尹氏の女《むすめ》。彼女の実家はこの牛渓の地に荘園を持っていたので、成守琛はそこに終の棲家を定めることにしたのである。

一般に、ソウルから地方に生活の拠点を移すことを「落郷《らっきょう》（都落ち）」というが、それはこの成守琛の場合のように、妻方の縁故を頼って行われることが多い。これを迎え入れる在地の人々からいえば、ソウルの「両班」との縁故によって守令の収奪から身を守ることができるし、逆に両班の側からいえば在地の人々の支援によって当面の生活基盤を確保することができる。中央貴族と在地士族の、お互いの計算に基づいて成立するのが「落郷」である。

以後、成守琛は朝廷からの召し出しは辞退し、「坡州清隠《はしゅうせいいん》」、「牛渓閑民《ぎゅうけいかんみん》」などと号して静かに余生を過ごしていた。そうして彼が明宗十九年（一五六四）に数え七十二歳で亡くなると、その屋敷は息子の成渾へと引き継がれていく。成渾が人々から「牛渓先生《ぎゅうけいせんせい》」とよばれるようになったのは、そのためである。

第三節　成渾の生い立ち

成渾《せいこん》（一五三五〜一五九八）は、中宗三十年（一五三五）六月二十五日、ソウルの順化坊にある父の屋敷で生まれた。順化坊は景福宮の西北の一帯、北岳山のふもとに当たる。この地に祖父（成世純）と父（成守琛）の屋敷があったことは前述のとおり。そうして中宗三十九年（一五四四）、成守琛は幼い成渾を伴ってソウルを離れ、妻方の里である坡州の牛渓に隠遁する。

牛渓での暮らし

このとき成渾は数え十歳の少年であった。しかし、もともと聡明な彼は、ソウルを離れても特に学業に支障はなかった。なにより父親の成守琛が彼の教育を担っていたからである。明宗四年（一五四九）、数え十五歳の「志学」の年齢となった彼のことを、父の友人である尚震《しょうしん》（一四九三〜一五六四）は、「純正にして能文、真に奇男なり」といって持ち上げている。

明宗六年（一五五一）、数え十七歳で申氏と婚礼を挙げ、同年、成均館の入学資格試験に相当する「監試《かんし》」の地方試験（初試）に合格したが、病身を理由に中央での本試験（覆試）には赴かなかった。以後、成渾は科挙の受験を断念し、牛渓において在野の儒学者としての生涯を送る。

このころ、坡州に滞在していた白仁傑《はくじんけつ》のもとで、成渾は儒教の経典である『尚書』の講義を受けたという。白仁傑は「乙巳士禍」によって朝廷を追われた著名な儒学者の一人。彼は明宗六年（一五九一）、やがて早世する順懐世子《じゅんかいせいし》の誕生の恩赦で流配を解かれて坡州の荘園に戻っていた。この人も成守琛・成守琮の兄弟と同じく、静庵・趙光祖の門人であるから、結局、成渾は趙光祖の孫弟子、ということになる。

廬墓三年

明宗十六年（一五六一）、成渾は数え二十七歳で母の尹氏を亡くし、次いで明宗十九年（一五六四）、数え三十歳で父の成守琛を亡くして、それぞれ三年の喪に服している。

服喪中は公的な活動から身を引き、墓のそばに小屋を建てて、ひたすら父母に対する哀悼の念を捧げるのが儒教の礼。これを「廬墓《りょぼ》三年」という。ただし、実際には奴僕を代理に立てて本人は実家でのんびりと過ごし、喪が明けた暁には奴僕に褒美として身分の解放（放良）を許す、というのが当時の両班の一般的な喪の過ごし方であった。

ところが、成渾はこの廬墓三年の服喪生活を自ら実践しているのである。なるほど、母が亡くなったときには父がまだ存命であったために、父への奉仕を優先して家のなかで喪に服していたが、その父が病に伏したときには、「割股和薬《かっこわやく》」——自分の太腿の肉を割き取って薬に混ぜる——などして看病に尽くし、いよいよ父が亡くなったときには文字どおり「廬墓三年」の服喪生活を送った後、喪が明けてはじめて家に戻っている。

こうした行為は、実際には当時の儒教道徳が作り出した「孝子」の虚像にすぎない、といった厳しい見方をすることもできるかもしれない。実際、多くの人々にとっては、それは内面のともなわない形式的な虚礼に堕落していた。しかし、それを外面的な虚礼としてではなく、内面からの「天理」と「人情」とに支えられた「礼」の行為として主体的に実践したところに、成渾の儒者としての真面目があった。

第二章　栗谷と牛渓

成渾《せいこん》は父親である成守琛《せいしゅちん》の行状《ぎょうじょう》を、親友の李珥《りじ》に書いてもらっている。行状は亡くなった人の事蹟を記録する文章で、これはお墓の中に納める墓誌銘《ぼしめい》の基礎となる（ちなみに墓誌銘は奇大升、後に李滉が書いた）。その大切な文章の起草を李珥に依頼していることからも、成渾が李珥に寄せた信頼の深さをうかがうことができよう。

第一節　理と気をめぐる論争

二人の友情を深めたものは、ほかでもない、朱子学の基本概念である「理」と「気」をめぐる論争である。このテーマについては、これまで汗牛充棟《かんぎゅうじゅうとう》もただならぬ数の文章が書かれてきたが、本書においても二人の人柄を紹介する意味で、必要最低限の事柄だけは述べておきたい。

理と気

「理」は「気」を動かす「形而上」の原理。「気」は「理」に従って運動する「形而下」の事物。この「理気」の概念によって、宇宙のすべてを哲学的に捉えようとするのが、いわゆる朱子学の立場である。

李珥・成渾の二人はこの哲学的なテーゼについて、互いに書簡の遣り取りをして精緻な議論を重ねていた。そのうち特に有名なものが宣祖五年（一五七二）のころに交わされた「四端・七情」、「人心・道心」をめぐる論争で、それは、先行する李滉《りこう》（号は退渓）と奇大升《きだいしょう》（号は高峯）との間で行われた「四七論争」についての再検討、という形を取る。

四端と七情

惻隠《そくいん》の情は「仁」の端（端は首《はじめ》の意）、羞悪《しゅうお》の心は「義」の端、辞譲《じじょう》の心は「礼」の端、是非《ぜひ》の心は「智」の端――これが『孟子』（公孫丑・上）のいわゆる「四端」説で、要は人が人として当たり前にもっている哀れみの情（仁）や正義感（義）、譲り合いの心（礼）、是非の判断力（智）などを拡充していけば、おのずと「仁義礼智」の理想の道徳を獲得することができるという、孟子のありがたいお言葉である。

ところが朱子学者の手にかかると、この「四端」の解釈が極めて難解な哲学的議論の対象となってしまう。そもそもの切っ掛けは李滉が「聖学十図」という初学者向けの図解を作成し、その第六「心は性・情を統ぶるの図（心統性情図）」の「下図」において、人間の心の作用である「四端」と「七情」との区別を、それぞれ、

――「四端」は「理発して気これに随う」（理発而気随之）

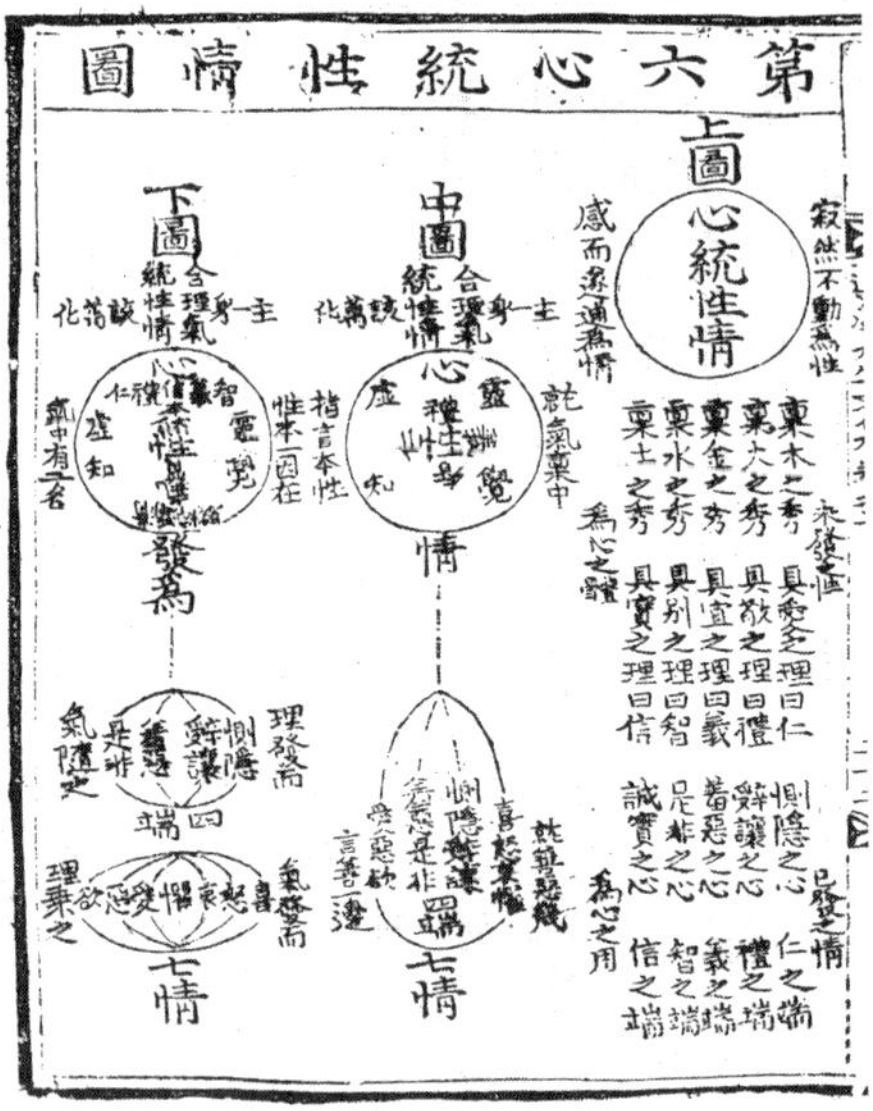

図5　心統性情図（退渓文集甲辰重刊本）

――「七情」は「気発して理これに乗ず」（気発而理乗之）というふうに説明したことに始まっている。

「四端」の心は「仁義礼智」につながる心の正しい作用であるから、これは主として「理」の作用であり、一方、「喜《き》怒《ど》哀《あい》懼《く》愛《あい》悪《お》欲《よく》」の「七情」は、人間の生《なま》の心の作用であるから、これは主として「気」の作用である。同じ「心」の作用においても「理発」と「気発」とで質的な区別を設けるのが、李滉のいわゆる「理気互発」の説であった。

ところがこれに、奇大升（一五二七～一五七二）という気鋭の学者が論争を仕掛けた。奇大升によれば、「心」の作用はすべて「形而下」の気の働きによるもの。なるほど「気」には「理」が内在しており、「理」を離れて「気」だけが単独で作用することはあり得ないが、逆に「気」を離れて「理」が単独で作用するということもあり得ない。李滉は「四端」について「理発して気これに随う」（理発而気随之）と説明しているが、それでは一瞬にもせよ「形而下」の世界において「理」だけが「気」を離れて単独で作用することを認めることになってしまう。李滉ともあろう人が、ここでは「理」と「気」のもっとも基本的な関係性をはき違えているのではないだろうか……。

要するに、奇大升は形而下における「理」の単独の作用を否定し、「四端」もまた結局は「(理を内在した) 気」の作用にすぎないと主張しているのである。形而下の「心」の作用は、すべて「気」の作用であり、なるほど、そこには形而上の「理」が埋め込まれているにしても、その「理」は「気」を離れて単独で作用することはありえない、というのである。

しかしながら、李滉はあくまでも「理気互発」の解釈に固執し、「四端」は「理発」であると主張して譲らない。そうしてそれは、決して李滉だけの解釈ではなかった。

——四端はこれ理の発。七情はこれ気の発。（『朱子語類』巻五十三）

朱子もまたそのように説明しているではないか。この朱子の言葉に意を強くした李滉は、「四端」を「理」の発現とする自説に対してますます確信を深めていった。

なるほど「形而下」の世界において、「理」は「気」を離れては存在しない。しかし、それは決して「気」に引きずられているだけの存在ではない。もしもそれを単なる「気」の運動法則——いわば気の運動の筋道のようなもの——として解釈し、「気」の働きそれ自体のなかにおのずから

「理」が発現するのである、というふうに考えるとすると、それでは結局「気」そのものが運動の主体となり、「気」の働きをそのまま「理」として誤認することにもなりかねない。これでは明代の陽明学者たちのように、「人欲を認めて天理と作す」という大きな誤りに陥ってしまう、というのが李滉の立場で、結局、「理」によるコントロールを強調するところに彼の主張の眼目があった。

道心と人心

李滉と奇大升との間に繰り広げられた論争を、李珥と成渾の二人もほぼ同じような形で繰り返している。まずは成渾の言うところを聞こう。

——朱子は「人心」が「形気之私」から生じ、「道心」は「性命之正」にもとづくといっている（「中庸章句序」）。これは李滉の「理気互発」の説に近い。いわゆる「四七論争」については、どうも奇大升の説より李滉の説のほうがよいのではないか……。

万事について生真面目な成渾は、いわゆる「道心」と「人心」との関係、「四端」と「七情」との関係を、李滉と同じように「理気互発」の観点から、主理的に解釈する立場に傾いていたのである。

しかし、李珥はこれに強く反対した。

——理と気がそれぞれ「互発」すると考えると、結局、理と気とは別々のもの（二物）になってしまう。それは大変な誤りである。「理」は「気」を主宰する原理であり、「気」はその原理に従って運動する。理によらなければ気は運動することができず、気によらなければ理はその原理を発現することができない。形而上の「理」と形而下の「気」は、一にして二、二にして一。それぞれの働きには「先後」もなく「離合」もない。李滉は「理が発して気がこれに随う」といい、「気が発して理がこれに乗じる」という。なるほど、「七情」について「気が発して理がこれに乗じる」と いうのはそのとおりであるが、「四端」についてもそれは同じ。「四端」の心も「気が発して理がこれに乗じる」のであり、「四端」も所詮は「七情」のなかに含まれている。これを「道心」と「人心」というように異なるもの（二物）としてとらえるのは誤りである……。（『栗谷全書』巻十、答成浩原書、壬申）

以上は宣祖五年（一五七二）、李珥が一旦官職を棄てて、坡州の栗谷に引きこもっていたころの手紙の遣り取りである。このころの二人は同じく坡州の牛渓と栗谷にそれぞれ居を定め、「理」と「気」の関係性について、特に集中的に議論を重ねていた。

いわゆる「主気派」の李珥に言わせると、形而下の世界はすべて「気」の発現——そのなかに「理」を内在させた「気」の発現——であって、そこには「理」だけが「気」を離れて単独で発現する余地はないのである。

李珥は成渾の議論を舌鋒するどく論破していくが、成渾は必ずしもそれに完全に同意しているわけではない。自信家の李珥と穏健派の成渾と、ここにも二人の性格がよく示されているといえよう。

第二節　栗谷との出会い

二人のそもそもの出会いは、明宗九年（一五五四）、成渾が数え二十歳、李珥が数え十九歳のころにまでさかのぼる。

李珥《りじ》（一五三六〜一五八四）、字は叔献、徳水の李氏、号は栗谷《りっこく》。今日、韓国の五千ウォン紙幣の肖像画に描かれている人物、といったほうがわかりよいかもしれない。

彼は中宗三十一年（一五三六）十二月二十六日に母方の里の江原道・江陵府で生まれた。成渾より一歳年下である。数え六歳で母とともに上京し、ソウルの寿進坊にあった父の本宅に入る。聡明な母（申命和の女《むすめ》、申師任堂）のもとで学問の手ほどきを受けたが、明宗六年（一五五一）、数え十六歳でその母を亡くす。一歳年上の成渾とは数え十九歳のころから道義の交わり（学問上の交友関係）を結んでいたが、その後、李珥のほうは母の死をきっかけに仏門に入り、金剛山で修行していたところ、たちまち悟る所あって還俗《げんぞく》した。

図６　陶山書堂（慶尚北道安東郡陶山面）

李珥の出仕

儒学に立ち返った李珥は、明宗十二年（一五五七）、数え二十二歳で妻の盧氏を迎え、翌年には陶山書堂の李滉（退渓）を訪ねて学問の導きを受けている。李滉は「後生畏るべし」といって舌を巻いた。

その後は明宗十六年（一五六一）、数え二十六歳で父を亡くし、その三年の喪が明けると、今度は親友の成渾が父・成守琛を亡くしたためにその祭文と行状を書いた。ちょうどそのころ、すなわち明宗十九年（一五六四）、数え二十九歳の年に、李珥は一連の科挙の試験（生員・進士試・文科の初試、生員試・文科の覆試、文科の殿試）ですべてトップ合格を果たしている。過去の三回の予備試験でもトップ合格を果たしていたので、あわせて「九場壮元（状元）」と呼ばれた。実に大変な秀才である。

その後は戸曹佐郎を皮切りにエリート街道を驀進《ばくしん》し、宣祖元年（一五六八）には朝貢使節の一員（書状官）として中国の北京に赴く。同年の冬に帰国して弘文館副校理に任命され、親友の鄭澈《ていてつ》とともに賜暇読書（研鑽のための特別休暇）の栄誉を受ける。儒教政治のあるべき姿を論じた「東湖問答」を著したのもこのころのこと。

弘文館は国王の文芸の諮問に応じる、いわゆる「論思」の地であり、司憲府・司諫院（台諫）と並んで士大夫階層の輿論を代表する「三司」を構成する。士大夫社会の「公論」を重視する朝鮮時代の政治文化において、この三司の官僚たちは、時に宰相よりも強い影響力を発揮することが少なくない。弘文館に抜擢された李珥は、まさしくエリート中のエリートであった。

しかしながら、宣祖の国王としての力量に疑問を抱いた李珥は、その後は外祖母の病気見舞いを理由として故郷の江陵府に帰り、出仕と退休を繰り返して、しばらくは政界から身を引いている。その後、坡州の栗谷に居を移した李珥は、同じく坡州の牛渓に住む成渾と頻繁に書簡の遣り取りをするようになった。その内容の一端については、すでに紹介したとおりである。

小学集註

いわゆる「理」と「気」をめぐる論争とは別に、李珥と成渾との友情は、『小学集註』の編纂をとおしても、ますます固められていった。こちらも先回りして紹介しておくと、李珥が『小学集註』を完成させたのは宣祖十二年（一五七九）のことで、このとき李珥は数え四十四歳、成渾は数え四十五歳。成渾の跋文によると、この書は李珥が諸家の註釈を折衷し、友人たちとの討論を経て完成させたもので、もとより成渾もその討論の輪に加わっていたのである。

中国では古来、人は八歳で「小学」に入り、十五歳で「大学」に入るとされていたが、その「小学」で学ぶべき日常道徳の教本として、朱子が編纂したとされるのがこの『小学』である。『小学』は、内篇四（立教、明倫、敬身、稽古）、外篇二（嘉言、善行）の六篇に分かれ、各種の典籍の引用文から成り立っている。ほかならぬ朱子（朱熹）が編纂したとされていることもあって、朝鮮でもいわゆる「士林派」のバイブルとして重んじられた。彼らはこの『小学』の普及に努め、それを通して自らの政治基盤の拡充を図ろうとしたのである。しかし、その士林派が「己卯士禍」によって弾圧されると、以後はかえって『小学』を学ぶことを異端視し、忌避する風潮が広がっていく。「古礼」の実践、云々というよりも、普通に経書を学び、詩賦を詠じて無難に科挙に合格したほうが利口というものであろう。

そうした世間の風潮のなかで、李珥や成渾の世代は再び『小学』の普及に努め、それを通して再度「士林派」の政治基盤の拡充を図ろうとしていたのである。

成渾の性格

かつて李珥は自らを成渾と比較して次のように述べた。

――理気の理解については、私のほうがやや優れている。しかし平素の行いの確かさについては、私は全く成渾にかなわない。（『宣祖修正実録』三十一年六月条）

なるほど、成渾は哲学者である以前に、なによりも日常道徳の実践者であった。父母に対する「三年の喪」を真摯に実践したことについては、すでに述べたとおり。彼は典型的な「孝子」であった。しかし「晨省昏定《しんせいこんてい》」――朝には父母のご機嫌を伺い、夜には父母の寝床を整える――などといった日常的な礼節こそが、実際にはもっとも実践の難しいものであることは、我々凡人の常日頃痛感するところであろう。

第三節　成渾の門人たち

後述するとおり、成渾はたびたび宣祖のお召しを受けたが、そのたびに病気を理由に任官を辞退している。その間にも坡州に隠遁する成渾のもとには彼の名声を慕って次第に門人たちが集まってきた。彼らは本書の副主人公となるので、ここでまとめて紹介しておくことにしたい。最初に挙げる趙憲以外は、おおむね息子の成文濬《せいぶんしゅん》（一五五九～一六二六）と同世代の若者たちである。

趙憲

趙憲《ちょうけん》（一五四四〜一五九二）は京畿・金浦県出身の在地士族。明宗二十二年（一五六七）、数え二十四歳で科挙に及第し、その後、二十七歳で坡州牧の教授（郷校の教員）に任命された。このとき、地元の名儒である九歳年上の成渾と交わりを結び、学問の指導を受ける。成渾は彼を「畏友」とよび、あくまでも対等の交際を続けようとしたが、趙憲のほうは、終生、弟子の礼を執って変わらなかった。趙憲のいちずな性格は、このころからすでに明らかである。

黄慎

黄慎《こうしん》（一五六二〜一六一七）は、数え二十一歳で進士試（成均館の詩賦による入学試験）に合格し、二十七歳で謁聖試（科挙の特別試験の一つ）に首席で及第している。成渾の門下に出入して薫陶を受けたのは、この修学時代のことである。

呉允謙

呉允謙《ごいんけん》（一五五九〜一六三六）は、『瑣尾録《さびろく》』の著者として知られる呉希文《ごきぶん》（一五三九〜一六一三）の息子である。彼も若くして成渾の薫陶を受け、宣祖十五年（一五八二）に進士試に合格し、宣祖三十年（一五九七）に文科（科挙）に及第した。彼の孫の呉道一《ごどういつ》（一六四五〜一七〇三）は、後に少論の領袖として名を馳せることになる。

閔仁伯

閔仁伯《びんじんはく》（一五五二〜一六二六）は宣祖七年（一五七四）に笈《おい》を負って成渾の門に至り、弟子入りを志願している。成渾は病身を理由にいったんは謝絶したが、閔仁伯の熱意に負け、

――質疑応答だけなら、あなたには益にならなくても私には益になる。

といって『小学』の講義をした。一通りの講義を受けて成渾のもとを辞去する閔仁伯に対し、

――若いうちに基礎を立てておかなければ、俗事に流されて一生を無駄にすることになる。君はいま二十三歳だが、今もし勉強しておかなければ、後悔しても追いつかないよ。

といって激励した（『苔泉集』巻二、師友録）。このとき、成渾は数え四十歳であった。

姜沆

姜沆《きょうこう》（一五六七〜一六一八）は成渾の不遇時代（後述する辛卯士禍のころ）の門人。丁酉の再乱（一五九七）に際して日本軍の捕虜となり、日本に連行された彼の事蹟については、もう少し後のところ（第六章）で詳しく触れることにしたい。

金集

金集《きんしゅう》（一五七四〜一六五六）は金長生《きんちょうせい》の子。後に「海東の朱子」として崇められる宋時烈《そうじれつ》はこの金長生・金集父子の門人である。金集は宣祖二十七年（一五九四）、数え二十一歳のときにはじめて成渾に謁し、以後、師弟の契りを結んだ。これより先、宣祖二十五年（一五九二）、数え十九歳で左議政・兪泓《ゆおう》の女を正妻に迎えたが、妻が病弱のため、宣祖二十九年（一五九六）にはさらに父・金長生の師である李珥の庶出の女《むすめ》を側室に迎え、家族としても李珥の学統に連なることになった。要するに、宋時烈は師匠の金長生と金集を介して李珥・成渾の学統に連なっていたわけで、この学統こそは朝鮮儒学の「正統」となった。

尹煌

次に尹煌《いんこう》（一五七一〜一六三九）であるが、これは門人であると同時に成渾の女婿でもある。朝鮮では「男帰女家（男、女家に帰《とつ》ぐ）」と称して、新婚当初は一種の「入り婿」となる慣例があり（ただし、姓を変えるわけではない）、尹煌の場合も数え二十歳で結婚した当初は妻方の実家である成渾のもとで暮らしていた。尹煌はこの岳父のもとで学問に励み、その学統は息子の尹宣挙《いんせんきょ》（一六一〇〜一六六九）、孫の尹拯《いんじょう》

光州金氏系図

国光——克忸——宗胤——鎬——継輝——長生——集

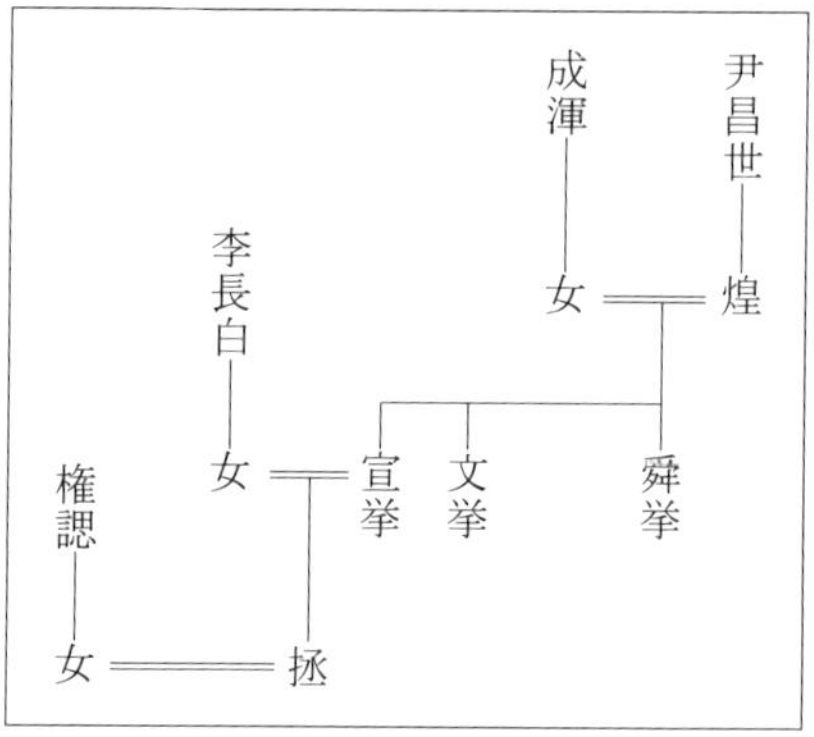

坡平尹氏系図

（一六二九～一七一四）へと受け継がれて、いわゆる「少論」を形成する。

成文濬

最後は息子であり、門人でもある成文濬《せいぶんしゅん》。明宗十四年（一五五九）、数え二十五歳の成渾は、坡州の牛渓において、妻・申氏との間に長子の成文濬を儲けていた。

　成文濬は数え七歳で『古文真宝（前集）』を読み、兼ねて『唐音』という字引を見ながら作詩を学ぶなど、幼くして早くも詩人としての片鱗を示している。その後、数え十六歳の年に、白仁傑《はくじんけつ》の外孫女である咸安の趙氏と結婚する。彼は朝廷に出仕していった他の門人たちとはちがい、父と同じような「山林」タイプの在野の儒学者として成長していくことになる。

第三章　政界への進出

成渾《せいこん》の儒者としての名声は、おのずと彼を政界に引き寄せることになった。おりしも中央では、明宗の母后の文定王后《ぶんていおうごう》と、その弟の尹元衡《いんげんこう》とが相次いで亡くなり、やがて明宗《めいそう》も亡くなって、新たに宣祖《せんそ》が即位することになる。人々は一連の士禍の犠牲者たちの名誉回復を期待し、かつ成渾のような「遺逸《いいつ》」の登用を期待していた。そうしてその仲介役となったのは、一足先に政界へと進出していた親友の李珥《りじ》（号は栗谷）であり、そうしてもうひとりの親友である鄭澈《ていてつ》（号は松江）であった。

第一節　鄭澈

鄭澈の生い立ち

鄭澈（一五三六～一五九三）は中宗三十一年（一五三六）閏十二月初六日にソウル（北部・順化坊）の蔵義洞の屋敷で生まれた。本貫は迎日（または延日）の鄭氏。成渾よりは一歳年下。李珥とは同年であるが、鄭澈のほうがひと月ほど後の生まれである。三人は政治的にも同じグループに属し、後世「西人《せいじん》」の代表格と目されるようになった。このうち、最も早く政界に進出し、かつ最も激しく政界の荒波に揉まれたのが鄭澈である。

鄭澈の姉（貴人鄭氏）は中宗朝に王世子（後の仁宗）の後宮に入り、またもう一人の姉は宗室の桂林君（諱は瑠）に嫁いでいた。桂林君は成宗の息子である桂城君（諱は恂、母は淑媛河氏）の養子で仁宗・明宗とは義理のいとこに当たり、かつ仁宗のおじ（母の弟）である尹任《いんにん》の姉妹の子、すなわちおい（外甥）にあたる。

このため、尹任は明宗を廃して桂林君をその後釜に据えようとしているという風聞が起こり、桂林君は鄭順朋《ていじゅんぽう》・許磁《きょじ》などの誣告によって明宗即位年（一五四五）に殺されてしまう（『明宗実録』即位年十月甲午条）。いわゆる「大尹・小尹」の争い、すなわち仁宗のおじである尹任と、明宗のおじである尹元衡との対立に巻き込まれてしまったのである。そうしてその余波は鄭澈の父である鄭惟《ていい》沈《ちん》にまで及ぶ。彼は咸鏡道の定平に「徒配《とはい》」され、その後、量移（条件のよい所に配所を移すこと）されて本貫地の迎日に「付処《ふしょ》」されることになった。徒配とは駅站などでの労役を伴う追放刑。一方の付処は流刑未満の流配処分で、特に労役の負担はない。かつ、付処人の配所は当該人の縁故地（経済基盤の所在地）に定めることが慣例であった。したがって、鄭惟沈が本貫地である迎日に付処されたことは、それ自体が

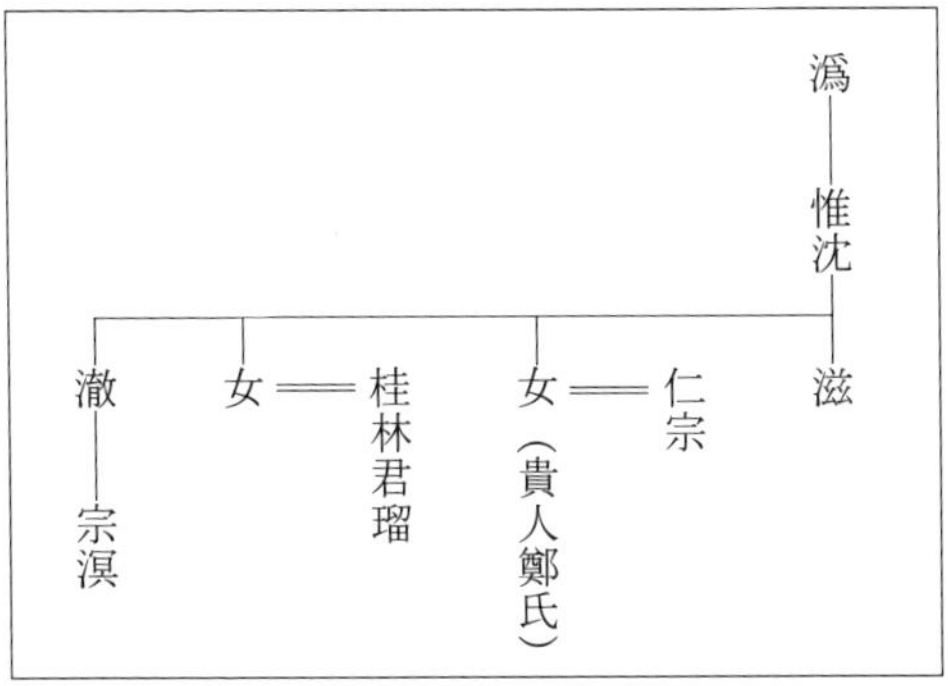

迎日鄭氏系図

処分の軽減を意味している。

ともあれ、中宗末年以来の外戚どうしの争いに端を発した明宗即位年（一五四五）の一連の政争──いわゆる「乙巳士禍《いっし》」──によって、仁宗派の「大尹」勢力に連なると目されていた鄭澈の一家は大打撃を受け、当時、数え十歳の鄭澈は幼年期におけるソウルでの就学の機会を失ってしまった。その後、明宗六年（一五五一）の恩赦──順懐世子《じゅんかいせいし》誕生の慶祝による──で父・鄭惟沈が釈放されると、一家は祖父・鄭潙《ていい》の墓のある全羅道の昌平県に移る。このとき、鄭澈は数え十六歳。ようやく落ち着いて勉学に励む環境を得た鄭澈は、このころから全羅道在住の代表的な儒学者である金《きん》麟厚《りんこう》や奇大升《きだいしょう》のもとで本格的に学問を修めるようになった。彼が柳強項《りゅうきょうこう》の女《むすめ》を妻に迎えたのはその一年後。鄭澈は数え十七歳であった。

政界への進出

鄭澈と李珥の出会いは、二人が数え二十一歳のころ。一方、成渾との出会いはいつのことかはっきりとしないが、遅くとも明宗十六年（一五六一）、鄭澈が数え二十六歳のころまでには二人の交際は始まっていた。おそらくは李珥の紹介によるものであろう。この年、鄭澈は進士試に合格し、翌年、文科の特別試験に及第して成均館典籍（正六品）に任命される。

もともと鄭澈の姉（うえの姉）は仁宗の側室であり、その縁で明宗とは幼なじみ。乙巳士禍でひとたびは家運が傾きかけたものの、鄭澈にもようやく運がまわってきた。ただし、「大尹」の勢力に連なる鄭澈は、明宗朝には必ずしも栄達せず、本格的に政界に進出するには次の宣祖朝を待たなければならなかった。

明宗の没後、宣祖の即位による恩赦で父・鄭惟沈の職牒（任命状）が還授される。これは鄭澈にとっても栄達のための一つの障碍が取り除かれたことを意味していた。そうして宣祖即位年（一五六七）、鄭澈は親友の李珥とともに賜暇読書の栄誉を受け、漢江北岸の龍山にある「読書堂」で研鑽を積み、翌・宣祖元年（一五六八）には吏曹佐郎に任命される。朝鮮時代には、国王の即位の次の年を「元年」とするのである。

鄭澈が任命された吏曹の郎官（正郎、佐郎）は、文官の人事を担当することから「銓郎《せんろう》」と呼ばれ、三司などの若手の清要官の人事を取り仕切ることで、きわめて大きな影響力をもつ。その銓郎のポストに就いたことで、鄭澈のその後の栄達はほぼ約束されたようなもの……となるはずであった。

第二節　李珥

成渾より一足先に政界に進出した李珥《りじ》は、宣祖元年（一五六八）、弘文館副校理に抜擢された。弘文館は国王の文芸の諮問に応じ、かたわら政治の議論にも携わる「論思」の地で、これは官紀の粛正を掌る司憲府、国王への諫諍を行う司諫院とともに、いわゆる「三司」を構成する。三司の一員となることは、いわば士大夫社会の輿論を代表することを意味していた。いよいよ政治の檜舞台に立ったといってもよい。このころ、宣祖は政権の基盤を固めるために、いわゆる「士林派」の名誉回復を積極的に進めていた。傍系から明宗の王統を継いで数え十六歳で即位した宣祖には、士大夫社会の輿論のほかにはこれといって頼るべき勢力基盤がなかったからである。しかしながら李珥の目からみると、自分より十六歳も年下の宣祖は、はなはだたよりない君主であった。

宣祖と李珥

弘文館の官員は、国王の御進講（経筵）の講義を受け持つ。宣祖二年（一五六九）のあるとき、李珥は御進講の席で『孟子』梁恵王下篇の講義をしていた。ちょうど「王、左右を顧みて他を言う（王顧左右而言他）」のくだり。これは「王が治者としての務めを果たさない場合にはどうすべきか」という孟子の問いに対し、斉の宣王がそれには答えず、話をそらした、という一節である。その講義の際に、李珥は宣祖に質問をぶつけてみた。

——殿下ならどのようにお答えになりますか。

宣祖は何も答えることができない。そこで李珥は国王に「求治の志」がないと見限り、官を辞する決心を固めた（『石潭日記』宣祖二年十月条）。たまたま外祖母の病が重くなったという知らせもあり、それを口実として休暇を賜った李珥は、そのまま故郷の江陵府に退いて外祖母の喪に服した。

栗谷と石潭

その後、宣祖三年（一五七〇）に弘文館校理を拝命して一旦は朝廷に戻った李珥であったが、十月には病気を口実として妻方の里である海州の野頭邨《やとうそん》に退き、十二月にはこの地で李滉（退渓）の訃報を受け取る。さらにその翌年（宣祖四年、一五七一）には父方の郷里である坡州の栗谷《りつこく》に移る。李珥の五代の祖、李明晨《りめいしん》は臨津江の南岸、栗谷の地に「花石亭」というあずまやを建てていたが、その後、李明晨の孫（つまり李珥の曽祖父）である李宜碩《りぎせき》がこれを重修し、そうしてさらに李珥がこれを重修して読書の場となしていた。そこで世人は李珥のことを「栗谷先生」と称するようになったのであるが、この栗谷の地と成渾の住む牛渓の地とは、同じく坡州にあって、いわば隣近所であった。こうした地理的な近しさが二人の交際をますます深めていく。

その後、再び妻方の里である海州に戻った李珥は、石潭《せきたん》の地に隠遁の計を定め、栗谷と石潭とを行き来しながら、朝廷への出仕と退休とを

徳水李氏系図

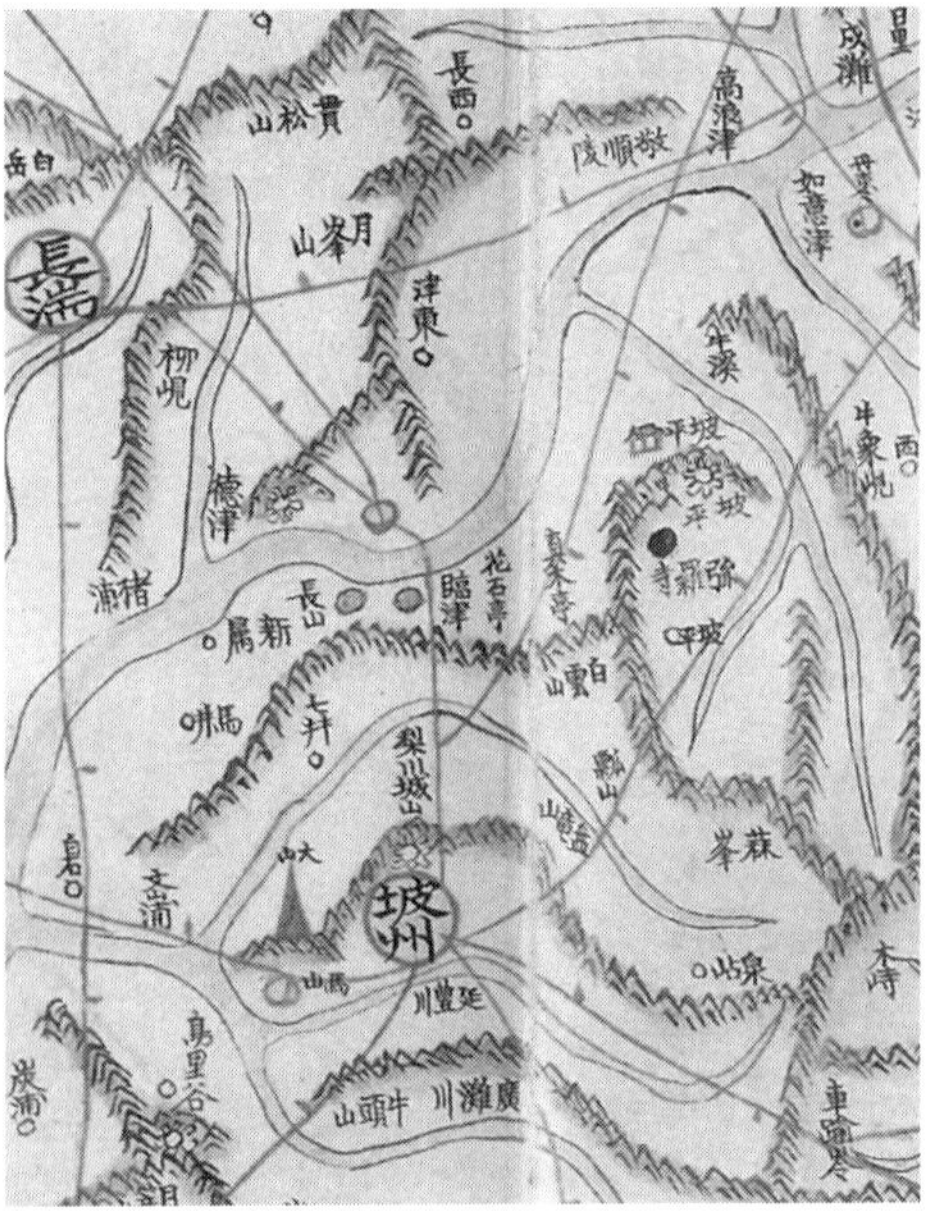

図７　花石亭（東輿図、ソウル大学校奎章閣）

繰り返すようになっていった。

李浚慶

これより先、たびたびの召し出しにより、宣祖三年（一五七〇）に弘文館校理（正五品）として官界に復帰した李珥は、あたかも宣祖の「志」を試すかのように、乙巳年（明宗即位年）の「偽勲」の削奪を強硬に主張している。これは趙光祖《ちょうこうそ》らが中宗反正のときの「偽勲」の削奪を要求したことと同じ趣旨で、政界を刷新するためには、まず腐敗した旧勢力を排除しなければならない、というのである。

趙光祖のときにはこの「削勲」の問題が命取りとなって己卯士禍を招くことになった。しかし李珥の場合はその主張を押し通してついにこれを実現させている。ここにいわゆる「士林派」の勢力の伸張を認めることができよう。

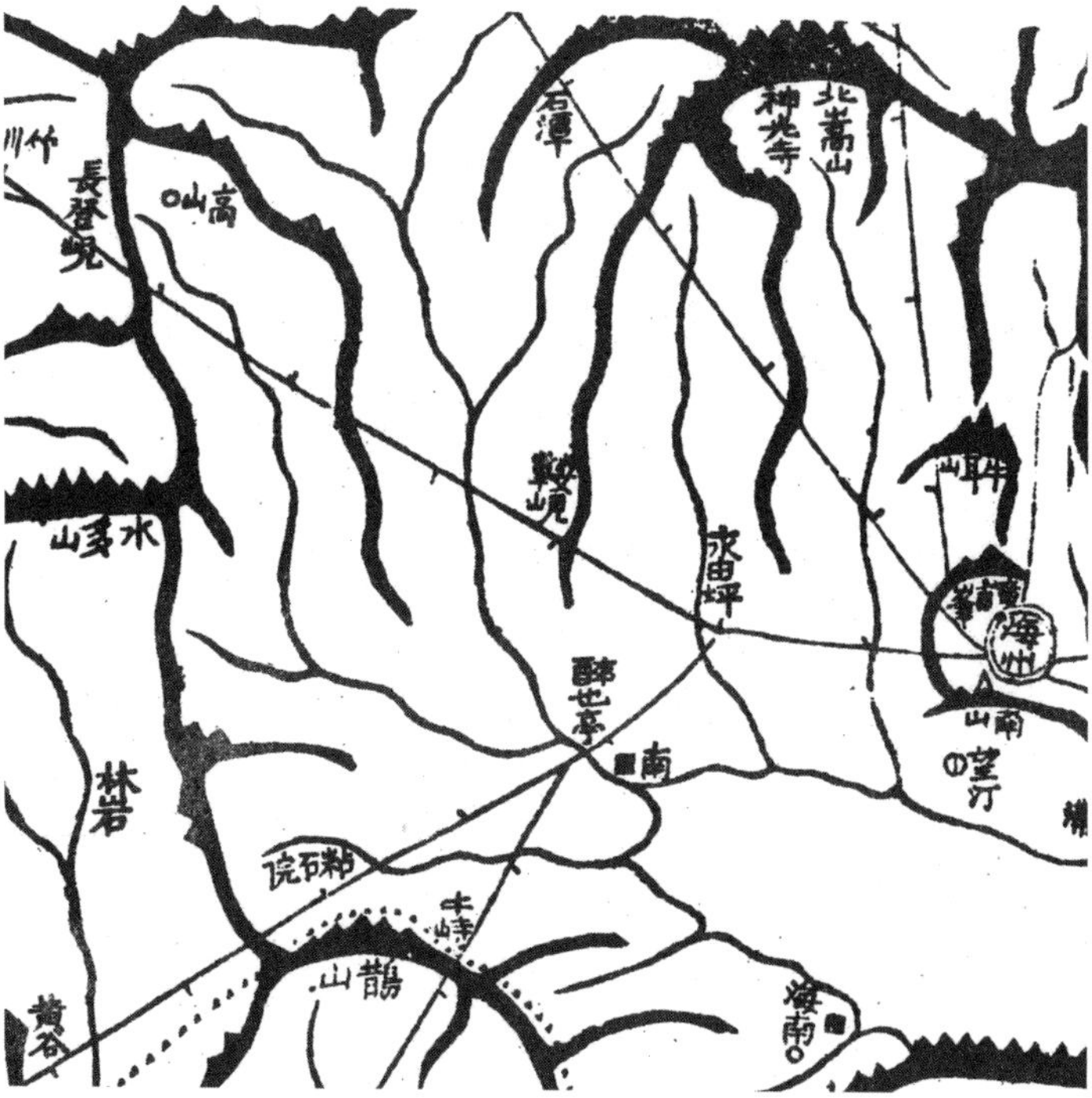

図8　石潭（大東輿地図、奎章閣叢書影印本）

しかしながら、穏健派の領議政・李浚慶《りしゅんけい》（一四九九〜一五七二）は、こうした若手官僚たちの急進的な主張を快くは思っていなかった。このため、その死の直前の上言文（遺箚）において、若手官僚たちの急進的な姿勢を批判し、彼らが「朋党」を形成して国を誤る恐れがあると警告している。しかし、これに猛反発した李珥は、

——鳥は死ぬときには哀しい声で鳴き、人は死ぬときには善い言葉を残して死ぬという（『論語』泰伯篇）。しかし、李浚慶は死ぬときにも汚い声を上げた（今人将死、其言也悪）。

といって痛烈に批判している（『栗谷全書』巻四、論朋党疏）。まさか自分が「朋党」の争いに組み込まれていくとは、このときの李珥は思ってもいなかったのであろう。

その後、宣祖六年（一五七三）に弘文館直提学（正三品下）に任命され、通政大夫・承政院同副承旨（正三品上）に昇進する。通政大夫より以上は、いわゆる「堂上」――長官クラス――である。

このころの李珥は、宣祖の国王としての器量に疑問を抱きながらも、なお期待を断ち切れずに出仕と退休とを繰り返していた。そんな李珥に対して成渾ら友人たちは、

――君主の心を格《ただ》すことなしに政治の実績を求めても意味がない。

といって、この際、政界から完全に身を引き、学問に専念するようにと勧めている。しかし李珥のほうは、やはり宣祖を見捨てることはできなかった。

承政院右副承旨（国王づきの機密秘書官）に昇進した李珥が、有名な「万言封事」を上呈し、そのなかで財政や軍政の改革を建議したのは、宣祖七年（一五七四）正月のこと。その後は例によってしばらく栗谷に退いているが、宣祖八年（一五七五）には、おりしも宣祖が仁順王后（沈氏、明宗妃）の喪に服することになったために、李珥は慰問かたがた弘文館副提学（正三品上）を拝命してしばらく宣祖の志のほどを見届けることにした。彼が「聖学輯要」を撰述して宣祖に進呈したのもこの年のこと。

以上が宣祖八年（一五七五）の、いわゆる「乙亥党論《いつがいとうろん》」の直前の状況であった。

第三節　成渾

鄭澈・李珥などの親友たちの活躍は後に譲り、成渾に話を戻すことにしよう。

宣祖元年（一五六七）、成渾は従九品の「参奉」――下級の典儀官――に任命されたが、病身を理由にこれを辞退していた。ちょうど李滉《りこう》が正二品の「弘文館大提学」に任命されてこれを辞退していたころの話である。親友の李珥は、

――病気がちの成渾を登用しても彼を苦しめるだけだが、退渓先生にはどうしても朝廷にとどまっていただかなければならない。

といって、直接、在京中の李滉に頼み込んだ。

――きみは成渾には手厚いのに私には随分とつれないのだね。

といって李滉が冗談交じりにはぐらかそうとすると、

――成渾が末職に登用されても国家の役には立ちません。しかし先生が王の御進講の席にいらっしゃれば、それだけで人々に計り知れない利益を及ぼすのです。

といって、李珥は食い下がった。結局、李滉も成渾も拝命はしなかったのであるが、このときの李珥は、李滉の出仕に大きな期待を寄せて、その分、成渾の出仕にはそれほどの利害を感じてはい

なかったのであろう。

遺逸の薦

成渾が朝廷に推薦されたのは、中宗朝以来、たびたび行われていた「遺逸の薦」の一環である。宣祖元年（一五六七）、朝廷では例によって「遺逸」の推薦が行われた。このとき、全羅道からは金千鎰《きんせんいつ》（一五三七〜一五九三）が推薦され、京畿からは成渾が推薦されているが、事前にこのことを知った李珥は、京畿監司の尹鉉《いんげん》に対して推薦の中止を申し入れた。

――成渾は修行中の身。急に世間の評判を得ることは、むしろ彼の恥とするところ。今はそっとしておいて、彼の学問の完成を見守るほうがよかろう。

先にも述べたとおり、このときの李珥は成渾よりも李滉を朝廷に引き留めることで頭がいっぱいになっていたのである。しかし、尹鉉はこの反対を押し切って成渾を「遺逸」として推薦した。これにより成渾はまず「典犠署参奉（祭祀に用いる犠牲を掌る）」に任命され、翌年、「穆清殿参奉（開城府にある太祖李旦の旧宅〈彼の肖像画を祀る〉を掌る）」に任命される。いずれも九品官で、もっぱら儀礼を執り行うだけの閑職である。とはいえ、成渾には就任の意思はないので、任命されても拝命せず、拝命してもすぐに辞職してしまう。

その後、宣祖三年（一五七〇）には積城県監に任命されるが、これは坡州のすぐ隣の県の長官である。牛渓からの赴任の便宜を図った人事であることはいうまでもない。成渾は一応は拝命したが、こちらもすぐに辞職してしまった。

思政殿での引対

宣祖四年（一五七一）、親友である李珥の推薦で「宗廟署令（王室の祖先の霊廟を掌る）」に任命された成渾は、この度は病を押して上京し、思政殿（国王の執務の御殿）で引見を賜って政治の要諦（大道の要）についてご下問を受けた。しかし、口頭では十分に意を尽くせなかったために、成渾は後日改めて「万言封事」をたてまつっている。ここでは燕山君以来の貢納制度の紊乱を指摘し、貢法の改訂を訴えたが、この点は、おそらくは親友の李珥とも常々議論していた内容を述べたものなのであろう。

成渾や李珥は貢納品の納入義務を負う州県と、実際の産地とがズレている現実を正し、あわせて貢納額の全体的な削減を行うことを主張していた。その後、便殿において引見を賜ったときにも、成渾は繰り返し貢納制度の改革を訴えている。しかし、これは王室の財政に直結する問題であり、端的にいえば王室にとって収入の減少をもたらす改革であるので、宣祖もすぐには色よい返事を与えることができなかった。

結局、この問題の解決は後世に持ち越され、壬辰倭乱の後の財政再建の試みのなかで、いわゆる「大同法《だいどうほう》」の改革として実現していくことになる。大同法とは、要は市場を通して貢納品を調達し、州県からはその調達の原資を徴収するという制度で、これは朝鮮後期における市場経済の一定の発展を踏まえての改革であった。李珥や成渾が唱えた貢納制度の改革論は、そのための地ならしとなったのである。

憲官

成渾を引見した宣祖は、ぜひとも彼を朝廷にとどめたいと考え、親友である李珥もまた内心ではそれを望んでいた。そこで、成渾のような「遺逸」を登用するためのポストとして用意されたのが司憲府の官職、いわゆる「憲官《けんかん》」である。

司憲府は官界の風紀を粛正することをその職務とする。成渾のような在野の道学者が司憲府の官員となり、自ら範を示せば、官界にも好ましい感化を及ぼすことは間違いない。そこで成渾の親友である李珥は、在野の知識人、いわゆる「遺逸」を司憲府の官員に登用することを提案する。

——科挙に及第していない人（未出身人）であっても、もし才能と徳行とがあれば、登用して司憲府の官人（憲官）とするのが、我が国の決まり事（恒規）です。己卯年〔に賢良科が廃止されて〕以来、この登用法が廃れましたが、これでは祖宗の法を遵守していないことになります。復活させるべきです。（『石潭日記』宣祖六年十月条）

かくして宣祖六年（一五七三）に、成渾は「司憲府持平（正五品）」に任命された。もっとも当の成渾は今回も朝廷には出仕していない。こののち、繰り返し「持平」に任命されるが、その都度、拝命を辞退している。

宣祖と李珥の対話

宣祖七年（一五七四）二月の御進講（経筵）の席で、宣祖は李珥に尋ねて言った。

――成渾というのはどんな人か。

李珥が答えて言うには、

――彼のことなら私もよく存じ上げております。彼は徴士・成守琛《せいしゅちん》の息子で、幼いころから父の教えを受け、生来の資質も純厚で、実に善人と申せましょう。しかし、病気がちで「司憲府持平」の職などは、決して務まりますまい。（『石潭日記』宣祖七年二月条）

もともと在野の知識人に「憲官」を与えて登用する、というのは李珥が言い出したことで、それは成渾の登用を想定しての提案である。そのくせ、ここでは否定的なことを述べているが、それは宣祖の関心を煽るための方便であろう。このとき、李珥は成渾に閑職を与えて御進講の席に加えることを提案し、それは祖宗朝にも先例のあることであると主張している（同右条）。

その後、宣祖八年（一五七五）、李珥が墓参のために坡州に戻り、休暇明けにソウルに戻ってきたときにも、宣祖は成渾のことを尋ねている。

――成渾には会ったのか。病気の具合はどうだ。結局、出仕はできないのか。地方官を務めることはできないのか。

――地方官は、成渾のような病人に務まる仕事ではありません。

――門人たちに講義はしているのか。

――それも病気でできていないようです。（『石潭日記』宣祖八年十月条）

成渾の登用を求める宣祖に対し、李珥は消極的な発言に終始している。しかし、それは親友の健康を気遣っての発言というよりは、むしろ宣祖の「求賢」の志が本物かどうかを試していたのではないだろうか。

第四章　党争の渦中に

李珥《りじ》と鄭澈《ていてつ》とがそろって政界に進出するなか、成渾《せいこん》は郷里にあって静かに学問に励んでいた。しかし、この二人の親友が「党争」の主役となったことで、成渾にもおのずと人々の注目が集まり、彼は否応もなくその渦中に巻き込まれていくことになる。

宣祖八年（一五七五）、乙亥《いつがい》の年、いわゆる士林派は「西人」と「東人」とに分裂したが、その切っ掛けとなったのは沈義謙《しんぎけん》を支持する前輩士林と、金孝元《きんこうげん》を支持する後輩士林との争いであった。

第一節　党争の始まり

乙亥党論

沈義謙（一五三五〜一五八七）は仁順王后（沈氏、明宗継妃）の弟、すなわち明宗朝の外戚であるが、必ずしも権力を濫用するような人物ではなく、むしろ士林の輿論を重んじる正義派として既成士林（前輩）の間で評判が高い。一方、金孝元（一五三二〜一五九〇）は明宗二十年（一五六五）の科挙（別試）に首席で及第し、新進士林（後輩）の間で期待のエースと目されていたが、なぜか沈義謙とは折り合いが悪く、一足先に文官の人事を掌る吏曹の職に就いた沈義謙は、事あるごとに金孝元の清要職への進出を阻んでいた。

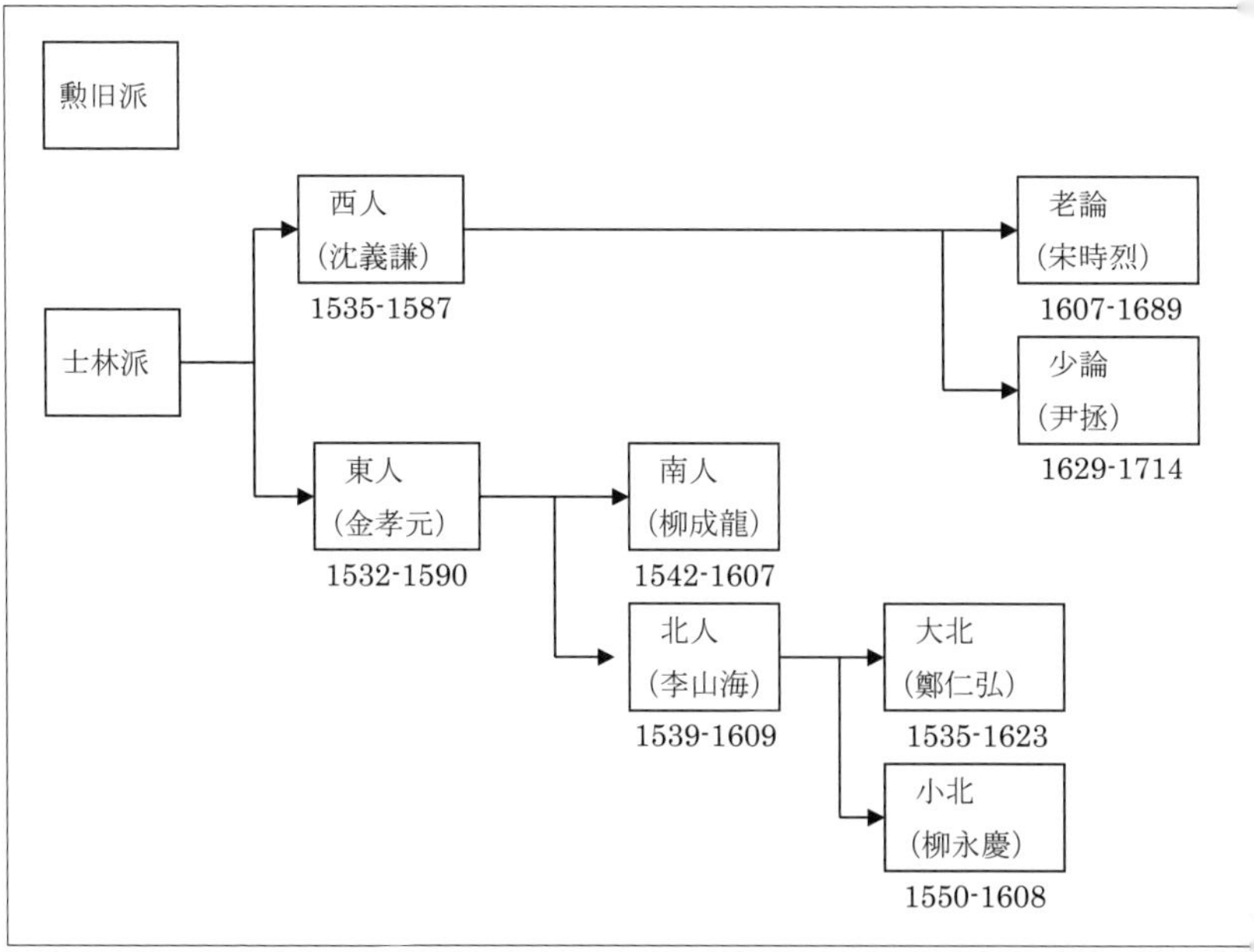

四色党派

もともと沈義謙は、金孝元のことを明宗朝の権臣・尹元衡《いんげんこう》（?～一五六五）の門客とみなして毛嫌いしていたが、とりわけ金孝元を銓郎《せんろう》（吏曹の正郎と佐郎）に抜擢することには強く反対し、その人事案をしばしば握りつぶした。このため新進士林たちは沈義謙に強く反発し、これを外戚による政治干渉とみなして言論攻撃を強めていく。かくして金孝元の声望が高まっていくと、金孝元は輿論の後押しを受けてついに銓郎の地位につくが、今度はその職権を用いて沈忠謙《しんちゅうけん》（沈義謙の弟）の銓郎への就任を妨害し、これを沈義謙への意趣返しとした、といわれている。

文官の人事をつかさどる銓郎の人事は、

先任の銓郎の推薦によって決まる慣例であり、上司である判書や参判は、これにはあまり口を挟まないことになっている。一種のピアレビュー（仲間内の評価）の制度である。そうして、このピアレビューによって銓郎が選出されると、今度はその銓郎が仲間内から適任者を選んでこれを三司の官職に割り振っていく。

いわゆる三司は司憲府・司諫院・弘文館の総称であるが、これは士大夫社会の輿論を代弁する清要職で、時には宰相よりも強い影響力を行使することもあった。その三司のポストを左右する立場にあるのが銓郎であるから、勢い、この銓郎の人事は政界の一大関心事とならざるを得ない。これが「東西」の党争を生み出す第一の要因となった。

李珥の調停

東西の争いが激しくなると、単に若手同士の内輪の争いとして見過ごすこともできなくなってくる。乙亥の年、李珥は言論を掌る三司の一員（弘文館副提学）として政界に強い影響力を及ぼす立場にあったが、少なくとも彼自身は、東西いずれにも肩入れをしない中立の姿勢を貫いていた。とはいえ、いつまでも事態を傍観することはできない。そこで宰相の盧守慎《ろしゅしん》（一五一五〜一五九〇）に進言し、沈義謙と金孝元の二人を地方官に左遷して、すこし頭を冷やさせることにしたのである（宣祖八年、一五七五）。

具体的には、沈義謙を開城府の長官とし、金孝元を慶興府の長官、後に富寧府の長官とする。二人のもともとの地位からいって、それほど不釣り合いな人事とはいえない。しかし、開城府は古《いにしえ》の高麗の都。一方の富寧府は東北の辺境の地であるから、どうしても金孝元のほうが不利に見える。東人にいわせると、結局、李珥は沈義謙の肩を持ったということになり、自然、李珥も西人と目されて東人による言論攻撃のターゲットになってしまう。

しかし、李珥には金孝元を排撃する意図はなかった。むしろ、病弱な彼の身を案じて富寧府から三陟（江原道）への異動を斡旋しているほどである。それでも李珥に対する東人の誤解は解けず、李珥への言論攻撃はますます激しくなっていった。

こういう場合、攻撃の種は探そうとすればいくらでも見つかる。李珥・成渾の親友である鄭澈は明らかに西人の立場にあり、また沈義謙をかばい続ける李珥のことも、東人の目には明らかに西人寄りに映った。そうしてなにより、彼が若いころ仏門に入っていたことは、儒教知識人社会においてはほとんど決定的な「烙印」となった。ただし、彼らの尊崇する朱子もまた、かつては「禅学」に沈潜していたという事実については、東人たちは頬かむりをして全く触れようともしないのであった。

鄭澈の立場

これよりさき、鄭澈は父・鄭惟沈《ていいちん》が亡くなったために官職を辞して三年の喪に服していた。宣祖三年（一五七〇）、鄭澈は数え三十五歳である。次いで宣祖六年（一五七三）には母が亡くなり、重ねて三年の喪に服する。宣祖八年（一五七五）、鄭澈は母の喪が明けて政界に復帰するが、それはまさに東西分党の端緒となった乙亥年のことであった。

当初、中立の立場を標榜していた李珥に対し、鄭澈のほうは最初からはっきりと「西人」の立場を表明し、金孝元のことを「無状の小人」として攻撃していた。このため、鄭澈は沈義謙の同類として東人の指弾を浴びる。鄭澈のうえの姉は仁宗の側室で、もうひとりの姉は宗室・桂林君の妻。このため「東人」の人々にいわせると、鄭澈もまた沈義謙と同様の、憎むべき外戚勢力にほかならない。

それでも鄭澈は親友の李珥の勧めで考えを改め、なるべくは東人との仲を取り持とうと努めてみた。そこで、東人の領袖である李潑《りはつ》（一五四四～一五八九）と交際して事態の収拾を図ろうとしたのである。しかし鄭澈は歯に衣《きぬ》着せぬ性格で、しかもそれは酒を飲むと一層はなはだしい。あるとき鄭澈は朝廷の和合について李潑と議論した挙句、酔いに任せて李潑の顔に唾を吐きかけ、そのままその場を立ち去ってしまったという（『松江別集』年譜、宣祖十一年五月条）。鄭澈と東人との決裂は、いよいよ決定的になってしまった。

鄭澈の辞職

その後も東人による沈義謙への攻撃は激しさを増す一方であった。宣祖十三年（一五八〇）、司憲府は沈義謙の弾劾を行う。このとき、司憲府の長官（大司憲）は李珥であったが、副官（掌令）の鄭仁弘《ていじんこう》をはじめとする同僚たちの強硬論を押さえることができなかった。そこでここは一歩譲り、最低限の弾劾にとどめて、いわばガス抜きを行おうとしたのである。ところが鄭仁弘は事前の合意を無視し、沈義謙を弾劾すると同時に、勝手に鄭澈にまで弾劾の対象を広げてしまった。

このため李珥の叱責を受けた鄭仁弘は、まず王に対して「避嫌《ひけん》」の上疏を提出した。一種の進退伺である。王はいったん慰留して三司に意見を聞くが、それを受理する、しないで司憲府内の議論が割れ、李珥をはじめとする司憲府の全員が「避嫌」の上疏を提出する事態となる。問題は司諫院にゆだねられるが、ここでも意見がまとまらない。そこで今度は弘文館の「処置《しょち》（仲裁）」にゆだねられるが、ここでも意見がまとまらない。いよいよ泥仕合の様相である。

この騒動で、弾劾された鄭澈はいったん郷里の昌平県（全羅道）に引きこもったが、翌年、全羅道観察使に任命されて官界に復帰する。このとき任地で成渾の門人である趙憲《ちょうけん》と出会い、二人は上官（監司）と部下（都事）の立場で交わりを結んだ。

もともと趙憲は李潑の親友であり、李潑と対立する鄭澈に対しては反感を抱いていた。しかし実際に交際してみるとその考えが変わり、趙憲は李潑ら東人グループとの交わりを断って、むしろ東人攻撃の急先鋒に立つことになった。

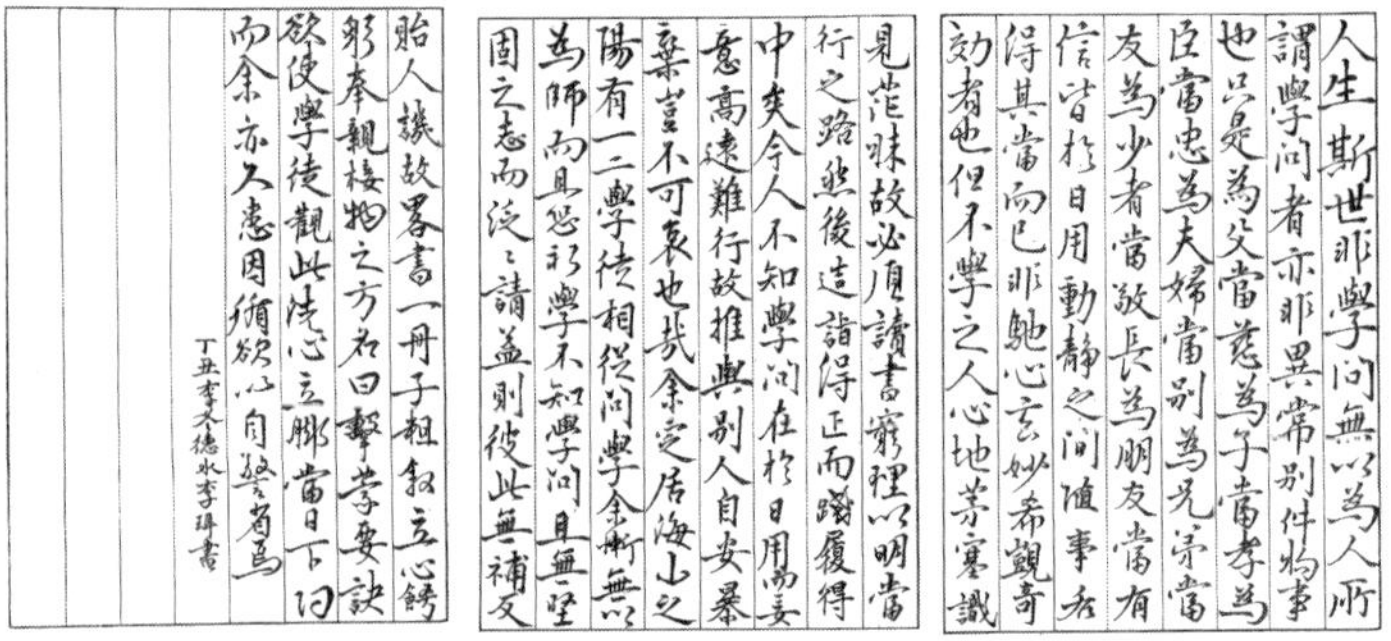
人生斯世非學問無以爲人所
謂學問者亦非異常別件物事
也只是爲父當慈爲子當孝爲
臣當忠爲夫婦當別爲兄弟當
友爲少者當敬長爲朋友當有
信皆於日用動靜之間隨事各
得其當而已非馳心玄妙希覬奇
效者也但不學之人心地茅塞識
見茫昧故必須讀書窮理以明當
行之路然後造詣得正而踐履得
中矣今人不知學問在於日用而妄
意高遠難行故推與別人自安暴
棄豈不可哀也哉余定居海山之
陽有一二學徒相從問學余慚無以
爲師而且恐初學不知向學且無堅
固之志而泛泛請益則彼此無補反
貽人譏故略書一冊子粗叙立心飭
躬奉親接物之方名曰擊蒙要訣
欲使學徒觀此洗心立脚當日下功
而余亦久患因循欲以自警省焉
丁丑季冬德水李珥書

図9　撃蒙要訣（自筆本）

李珥の辞職と復職

これより先、東人の言論攻撃にさらされた李珥は、乙亥年の翌年、すなわち宣祖九年（一五七六）に官職を辞して坡州の栗谷に帰り、さらにその翌年（宣祖十年、一五七七）には海州の石潭に退く。李珥はこの地で初学者のための入門書というべき『撃蒙要訣《げきもうようけつ》』を撰述し、宣祖十一年（一五七八）には隠屏精舎《いんぺいせいしゃ》（石潭書院の前身）を建てて後進の育成にいそしんでいる。

その後も出仕と退休とを繰り返すなか、坡州の牛渓に住む成渾の協力を得て『小学集註』を完成させた（宣祖十二年、一五七九）。二人にとっては学者としての最も充実した日々であった。

ついで宣祖十三年（一五八〇）、宣祖は退休中の李珥を呼び出し、彼を大司諫に任命する。一応は辞退したものの、結局これを拝命したのは、宣祖の病気見舞い方々、東西の争いの調停役を買って出てのことであろう。その後、しばらくして大司憲に昇進する。このとき掌令の鄭仁弘が沈義謙の弾劾を強く主張したため、李珥はやむを得ずこれを容認した。しかし鄭仁弘が勝手に鄭澈をも弾劾してしまったため、事態が紛糾して収拾がつかなくなってしまったことは前述のとおり。「外戚」である鄭澈を擁護する李珥の姿勢に、東人たちの不満は高まるばかりであった。

癸未三竄

宣祖十五年（一五八二）、李珥は吏曹判書となり、翌年（一五八三）、兵曹判書に転出しているが、おりしも北方では女真人（藩胡）の反乱があり、李珥はその対応に追われていた。李珥は出征軍の軍馬を調達するために、一部の兵士に免役を許し、その免役布によって軍馬を調達しようとしたが、これを王に断りもなく独断で行ったとして「擅権」の非難を浴びた。また、国王への報告のため宮中に参上した李珥は、連日の疲労からめまいを起こし、体調不良を理由にそのまま宮中を退いたが、これも王命をないがしろにする「慢上」の振る舞いとして指弾を受けた。

このとき李珥に対する言論攻撃の急先鋒となったのは例によって東人である。一人は弘文館の許筣《ほう》。一人は司諫院の宋応漑《そうおうがい》。そうして三司の上言を国王に取り次ぐ承政院都承旨（国王づきの機密秘書官）の朴謹元《ぼくきんげん》も彼らをサポートする。

おりしも成渾は国王のお召しを受けて珍しくソウルに滞在中であったが、見かねて李珥を弁護する上疏を行うと、今度は成渾までもが李珥の党与として弾劾を受けるありさま。李珥・成渾に対する三司の攻撃は激しさを増すばかりである。このため、李珥は自ら職を辞して坡州の栗谷に退く。

成渾もまた早々に牛渓に退いていった。

かくして李珥・成渾が朝廷を退くと、太学生四百七十人、全羅道の儒生二百四十人、黄海道の儒生一百八十人が連名して上疏し、李珥・成渾の復職を求める。太学生というのは成均館の学生のこと。彼らは普段学校には寄り付かないのに、こういう政治的なキャンペーンとなると俄然張り切って運動の旗振り手となるのである。

これを受けて宣祖はまず、正一品以上の大臣を宣政殿（昌徳宮における執務の御殿）に呼び集めて彼らの意見を聞き、さらに二品以上の官僚の意見をも踏まえたうえで、東人のなかでも特に強硬派の三人（朴謹元・宋応漑・許篈）に対し、それぞれ王命による追放（遠竄）の処分を下した。これが宣祖十六年（一五八三）の、いわゆる「癸未三竄《きびさんざん》」である。

このとき、宣祖はあくまでも李珥を守り抜く立場を表明し、自ら「李珥・成渾の仲間になりたい（願入於珥渾之党）」とまで公言した。このころの宣祖は、どちらかといえば西人を支持する立場を取っていたのである。

栗谷の最期

癸未三竄を断行した宣祖は、李珥を呼び戻して吏曹判書に任命し、同時に成渾をも呼び戻して吏曹参判に任命する。吏曹は文官の人事を掌るところで、判書、参判はその堂上（長官職）。要は文官の人事権を李珥・成渾の手に委ねたわけで、これは彼らに対する宣祖の絶大な信頼を意味していた。このためいつも拝命を辞退している成渾も、今回はめずらしく宣祖の招命に応じている。

かくして人事権を掌握した李珥は東西の調停に努めたが、その甲斐もなく、就任してわずか六十日余りの宣祖十七年（一五八四）正月十六日にソウルの大寺洞の寓居において亡くなってしまう（享年四十九歳）。その棺は郷里の坡州に戻り、紫雲山のふもとに葬られた。その後は門人の金長生《きんちょうせい》が行状を書き、金長生の子で、李珥の庶出の女を側室に迎えた金集《きんしゅう》が墓誌銘を記している。

天才の早すぎる死は、親友の成渾にとっても大きな衝撃であった。このため成渾もまた祖先の墓参りを口実として吏曹参判の職を退き、再び坡州の牛渓に引きこもってしまう。

かくして西人の勢力が後退すると、入れ替わりに東人が勢力を盛り返していく。このころの朝廷には鄭澈が大司憲として残っていた。とはいえ、もともと若手を中心としている東人の勢力が、世代交代の波に乗って勢力を伸ばしていくことは自然の勢いである。こうなると、一時は「李珥・成渾の仲間になりたい」とまで公言していた宣祖も、しだいに東人の側に軸足を移し、彼らを自己の権力基盤に取り込んでいこうとするようになった。

要は李珥の死をきっかけとして、宣祖は西人から東人へと乗り換えたのである。

西人勢力の後退

こうした情勢の変化のなかで、東人の人々から「外戚」として目の敵にされていた沈義謙（一五三五～一五八七）は、宣祖十八年（一五八五）に「罷職」の処分を受け、宣祖二十年（一五八七）には失意のうちに亡くなってしまう（享年五十三歳）。そうして西人の人々は、この沈義謙の党与としてブラックリスト（党籍）に登録され、当面、新規の任用からは除外されることになった。そこには李珥亡き後に西人の領袖となった鄭澈とともに、金長生の父であり、金集の祖父である金継輝《きんけいき》（一五二六～一五八二）の名、そうして「山林の処士」である成渾の名も記されていた（『宣祖修正実録』十八年八月条）。

かくしてブラックリストに載った鄭澈は、いったんソウルの北郊の高陽に退いたのち、さらに全羅道の昌平県へと退いていく。ここはかつて鄭澈が幼少時代を過ごしたところ。そうして一方の成渾は、相も変わらず坡州の牛渓に引きこもっている。

趙憲と李貴

これに対し、李珥・成渾の二人を師と仰ぐ趙憲《ちょうけん》と李貴《りき》は、二人の名誉の回復のため、宣祖十九年（一五八七）、二十年（一五八八）に、それぞれに上書して東人への反論を試みたが、宣祖は聞く耳をもたなかった。

趙憲（一五四四〜一五九二）は宣祖十七年（一五八四）、師匠の李珥が亡くなったことをしおにソウルを離れて忠清道の沃川郡に生活の拠点を移していた。幸い、彼の息子である趙完基《ちょうかんき》は、沃川郡の安邑（今の安内面）に住む富裕な武人の女婿となって田畑をもらい受け、これを経営して自活の道を図っている。趙憲はこの息子を頼って沃川郡に移住することにしたのである（『牛渓集拾遺』日記）。この時代、いわゆる両班《ヤンバン》が妻方（ここでは息子の妻方）の縁故を頼って地方に移住・定着するのはよくあることで、これこそはいわゆる「落郷（都落ち）」の典型的なパターンであった。

こうして沃川郡に引きこもった趙憲は、その後、近隣である公州牧の教授（郷校の教員）に任命され、この地方の提督官（視学官）をも兼務することになる。かつての親友であった李潑とは絶交し、性懲りもなく東人に対する激烈な批判を繰り返していた。李珥・成渾に対する名誉回復のための上疏はその一環であるが、宣祖はこれに取り合わない。たびたび東人政権を批判した趙憲は、宣祖二十二年（一五八九）、ついに吉州（咸鏡道）の嶺東駅に流配されることになった。

もう一方の李貴（一五五七〜一六三二）は、数え十五歳のときから李珥に師事し、海州の石潭で学問に従事していた。その後、仁祖反正に参画し、一躍、功臣となった著名人であるが、この当時はまだ一介の生員（学生）にすぎない。

第二節　鄭汝立の獄

李珥の死をきっかけとして、宣祖の心は次第に東人のほうへと傾いていった。ところが、今度は東人のなかから大規模な「謀反《むほん》」の計画が発覚し、形勢が再び逆転する。これが宣祖二十二年（一五八九）のいわゆる「鄭汝立《ていじょりつ》の獄」。ここでいう獄とは、刑事事件ないし裁判というほどの意味である。

鄭汝立

鄭汝立（一五四六〜一五八九）、字は仁伯、鄭季曽《ていきそう》の子。本貫は東萊であるが、代々全羅道の全州に居を構えていた。父の希曽は一族で初めて文科に及第したが、官は僉正（従四品）にとどまり、それほど栄達することはできなかった。一方、その息子の鄭汝立は明宗二十二年（一五六七）に数え二十二歳で進士試（成均館の詩賦による入学試験）に合格し、宣祖三年（一五七〇）に数え二十五歳で文科（科挙）に及第した。博覧強記、大変な秀才である。

かつて李珥・成渾の門下に出入していた彼は、李珥の推薦によって弘文館修撰（正六品）に抜擢された。弘文館は国王の文芸の諮問に応じる清要のポストである。ところが李珥の没後、いわゆる西人の勢力が衰退すると、機を見るに敏な鄭汝立は西人の陣営をはなれて東人に鞍替えする。このため李珥を贔屓にしていた宣祖に嫌われ、一旦は官職を離れたものの、郷里の全州に雌伏して朝廷に返り咲く機会をうかがっていた。

李潑

このころ、東人のリーダー格となっていたのは前述の李潑《りはつ》（一五四四〜一五八九）で、彼は宣祖元年（一五六八）に数え二十五歳で生員試（成均館の経学による入学試験）に合格し、宣祖六年（一五七三）に数え三十歳で文科にトップで及第した秀才である。新進士類の声望を一身に集めた彼は、銓郎の地位に抜擢されると、かつての趙光祖のように同志を集めて「堯舜の治」の実現を図ろうとした。李潑が鄭汝立の再登用を求め、彼を何度も三司の候補者として推薦しているのはその一環である。宣祖十五年（一五八二）には弘文館の副提学（正三品上）に任命された。しかし西人勢力の反対によって思うような政治ができないとみると、服喪を機にその職を辞して郷里の光州に退き、鄭汝立と相互に連絡を取りつつ、朝廷への再起の機会をうかがっていたのである。

大同契

一方、全州に退いた鄭汝立は、全州の本宅、金堤の別宅、鎮安の島山書堂などを往来しながら、まずは全羅道の在地の知識人たちとの親交を深めていく。具体的には知識人たちと「大同契」を結んで「射芸」を学び、「郷飲酒の礼」や「郷射の礼」などのいわゆる「古礼」――経書に記載されている古代の儀礼――を実践して、地方社会における足元の声望を固めていく。

おりしも宣祖二十年（一五八七）に「倭寇」が全羅道の損竹島に侵入し、防衛のために地方軍に動員令が下ると、鄭汝立はさっそく「大同契」の人々を引き連れて倭寇の撃退に功績を挙げている。彼の声望はいよいよ高まっていった。

このころ、人々の間では「木子亡び、奠邑興る」という予言が流布していたが、「木子」とはすなわち「李」、「奠邑」とはすなわち「鄭」の字謎にほかならない。これはつまり「李氏」の朝鮮国が滅んで新しい「鄭氏」の王朝が創始されることを予言しているわけであるが、おそらくは鄭汝立とその一派が意図的に世間に流布させていたのであろう。

かくして動乱の予感がみなぎるなかで、鄭汝立とその党与は大胆にも王朝の簒奪をたくらみ、全州のグループと黄海道・海州のグループの二手に分かれてそれぞれが同時に蜂起し、南北から一気にソウルを攻め落とす手はずを整えていた……というのが、いわゆる「謀反」の全貌である。

鄭汝立の死

しかしながら、この計画は未遂の段階で発覚した。黄海監司の韓準《かんじゅん》の秘密上書により、海州グループのほうから計画の全貌がいち早く朝廷に漏れてしまったのである。その知らせを受けた鄭汝

船山　徹（京都大学人文科学研究所教授）著

仏教漢語 語義解釈
漢字で深める仏教理解

仏教思想の根幹にかかわる五十の漢語を取り上げ、漢語における伝統的語義解釈と、原典におけるその語の意味と用例とを対比させ、中国・インド双方から二重の意味を付与された漢字仏教語の価値を究明する。仏典解釈は、インド本来の何を継承し、中国独自にどう展開したのか。語源探しや起源探しと袂を分かち、漢語文化圏における仏教受容史を解き明かす。

■四六判上製・372頁　三、九六〇円

ISBN978-4-653-04516-8

好評重版

宮宅　潔（京都大学人文科学研究所教授）著

京大人文研東方学叢書9

ある地方官吏の生涯
木簡が語る中国古代人の日常生活

始皇帝の踏みしめた大地 劉邦を取り巻いていた空気——歴史書からは十分に伝わってこない古代人の姿と彼らの日常生活。簡牘に記された「喜」という人物の生涯を軸として、古代社会を構成した市井の人々の姿をいきいきと描き出す。出土資料から見えてくるのは、歴史書に記された傑出した人物ではない、従来知りようのなかった基層社会を生きた古代人の姿である。

ISBN978-4-653-04379-9

近世俳諧の玉手箱

上巻・下巻

京都府立京都学・歴彩館に所蔵される
典籍（伊藤松宇旧蔵本）のうち、四五〇点ほどにおよぶ連歌俳諧書の中から学術的に価値の高いものを選び、翻刻と影印によって広く研究の益を供するものである。近年までその存在が殆ど知られていなかった、連歌俳諧研究のための重要資料である。

■Ａ５判上製・平均618頁　各巻九、九〇〇円

上巻：ISBN978-4-653-0455
下巻：ISBN978-4-653-0455
ISBN978-4-653-04553-3（セ

近刊

『山田慶兒著作集』編集委員会 編

山田慶兒著作集

第５巻「中国医学思想Ⅱ」

東アジア科学の総体あるいは個別理論に対して個性的な研究を展開し、思想史的アプローチによって科学文明の本質を探り続けた山田慶兒。単行本未収録の論文から未発表原稿まで、氏の学術的業績の全貌と魅力を明らかにする。主要著作は著者による補記・補注を加えそれぞれ定本とし、各巻に解題・月報を付す。

■第５巻　菊判上製・約450頁　予価一四、五〇〇円

５巻：ISBN978-4-653-04605-9
ISBN978-4-653-04600-4（セット）

最新刊

中山一麿 監修
落合博志・伊藤 聡・山﨑 淳 編

寺院文献資料学の新展開

第10巻「神道資料の調査と研究Ⅰ」（伊藤 聡 編）

中央の主要寺院との関わりの中で注目される地方寺院の悉皆調査の成果を、論文および資料翻刻・解題により紹介。個々の資料分析にとどまらず、長きにわたって各寺院の経蔵に蓄積・伝存してきた聖教類の集合体としての意味を問うとともに、10カ寺近くに及ぶ寺院調査の成果を横断的に考察し、寺院間ネットワークの実態を明らかにする。

■第10巻　菊判上製・本文600頁・口絵４頁　二六、四〇〇円

10巻：ISBN978-4-653-04550-2
ISBN978-4-653-04540-3（セット）

桑山正進（京都大学名誉教授）著　2022年7月刊行開始

ヒンドゥークシュ南北歴史考古学攷 全4巻

ヒンドゥークシュ山脈南北地方、そこは大文明の地ではない。しかし、ここを押さえる政治勢力は、中央アジアばかりか東アジアまで及び、歴史の経過は大きく影響を被った。この地域は、アジアの歴史の鍵鑰である——考古学調査と文献精読の成果（すべて未単行の論考）を結集し、全４巻に編む。

Ⅰ 異相ガンダーラの仏教

Ⅰ ガンダーラをどうとらえるか
Ⅱ 仏寺の外相
Ⅲ ガンダーラにおけるストゥーパ概念の転換
Ⅳ 漢文資料にあらわれたガンダーラ仏教
Ⅴ ガンダーラから中央アジアへ
Ⅵ 大月氏からクシャーンへ

ISBN978-4-653-04591-5

Ⅱ 6世紀における路の消長

Ⅰ バーミヤーンの出現
Ⅱ カーブル、ザーブルの登場
Ⅲ タパ＝スカンダルとカピーシー国の遺跡
Ⅳ カピーシーの仏教とヒンドゥー教
Ⅴ トハーリスターンの発掘

ISBN978-4-653-04592-2

Ⅲ 玄奘三蔵の形而下

Ⅰ 玄奘の形而下
Ⅱ 北魏隋唐のサーサーン系文化

ISBN978-4-653-04593-9

Ⅳ 欧文篇

Across the Hindukush of the First Millennium Ⅰ／Ⅱ

ISBN978-4-653-04594-6

■Ｂ５判上製・平均450頁　各巻予価一六，五〇〇円

ISBN978-4-653-04590-8（セット）

立は、ひそかに金溝の別宅から逃亡し、追っ手を逃れて竹島書堂の近辺に潜伏していたところを捕り方に囲まれ、もはやこれまでと観念して自殺してしまった。

その顛末は、このとき逮捕の陣頭指揮に当たった鎮安県監・閔仁伯《びんじんはく》の「討逆日記」に詳しい。閔仁伯はかつて成渾から「小学」の講義を受けたあの二十三歳の若者で、このときはすでに三十八歳の壮年の官僚となっていたが、ともあれ彼の「討逆日記」によると、捕り方に追い詰められた鄭汝立は仲間を次々と切り倒して道連れとし、最後は自ら剣の柄《つか》を地面に突き立てて、刃のうえに突っ伏すようにして首を突いて果てたという（『苔泉集』巻二、討逆日記）。実に壮絶な最期である。

彼の屍体はソウルに送られ、軍器寺の前において百官が序立するなかで「斬刑」に処せられた。そうしてその首は鉄物市橋のたもとに晒しものにされた。死者に死刑を加えても意味がない、というのは近代の理屈であり、前近代においては死刑における「威嚇」の効果、すなわち社会に対する見せしめの意味合いこそが重視されていたのである。

宣祖は閔仁伯に対して「お前がいなかったら、みな無事ではすまなかった（微爾人盡非）」とのお褒めの言葉をかけ、彼を一躍、礼曹参議（正三品上）に抜擢する。しかし、東人の人々からみると、閔仁伯（西人）のこの異例の抜擢は、かえって疑惑の種となった。

いったい当時の朝廷は、どちらかといえば東人が優勢を占めていた。それなのに鄭汝立がわざわざクーデターを仕組んだという話には、いささか不自然なところがある。このため鄭汝立の獄については、当時劣勢にあった西人のグループが仕組んだフレームアップに過ぎないと考えるものもあれば、いや、だからこそ功を焦った鄭汝立が、一気に権力を掌握すべくクーデターを決行しようとしたのだと考えるものもあって、結局、真相は「やぶの中」というほかない。

鄭澈の入朝

このとき、鄭澈は長子の鄭起溟《ていきめい》を亡くして喪に服し、葬儀のために祖先の墓所のある高陽に来ていた。高陽はソウルの北郊で、成渾が引きこもっていた坡州のすぐ近隣である。この地で鄭汝立の獄の知らせを受けた鄭澈は、友人たちの意見も参考に聞いたうえで、さっそく朝廷に出向いて国王にご機嫌伺い（問安）をすることにした。ひとたび「君臣」の関係を取り結んだものが、君主の一大事にのんびりと田舎に引きこもっているわけにはいかない、というのがその理由である。

ただし、このとき鄭澈は東人から攻撃を受けて謹慎中の身の上である。その彼が東人の引き起こした疑獄事件の渦中に入朝すれば、いかにも東人への反撃の機会を待ち受けていたかのように受け止められることは必至であろう。このため鄭澈の周辺でも、たとえば李珥の門人である金長生などは入朝に反対したが、鄭澈はそれを押し切って朝廷に赴くことにしたのである（『松江別集』年譜）。

委官

かくして朝廷に出向いた鄭澈は、まもなく右議政に任命され、さっそく鄭汝立の獄事を担当することになった。この種の大逆事件においては三議政（領議政・左議政・右議政）のうちの一人が「委官」となり、裁判の首席担当官となるのが当時の慣例である。東人の陣営から「謀反人」が出たのであるからには、その裁判は西人の鄭澈に任せるのが順当というものであろう。しかし、国王から呼ばれもしないのにノコノコと入朝してきた鄭澈に対し、弾圧におびえる東人系の人々は、その入朝の意図を深く疑っていた。にわかに権力を得た西人の勢力が、この機会に「士禍」を引き起こすのではないか、と恐れていたのである。

このとき成渾は鄭澈の求めに応じて同じく入朝し、吏曹参判（従二品）の職を拝命しているが、すぐに病気を理由として辞職を願い出、無任所大臣である同知中枢府事（従二品）のポストに移されている。その後、さらに病気を理由として辞職を願い出、再び坡州の牛渓に引きこもってしまったのであるが、これではいったいなんのための入朝であったのか、東人ならずとも疑念を抱いたのは当然であろう。

このころ、成渾は鄭澈とたびたび連絡を取り合っていた。東人の目からみると、成渾は鄭澈の「謀主（黒幕）」として映っていたのである。

推鞫

ともあれ、朝廷ではさっそく鄭汝立の謀反の仲間探しが始まり、これによって東人の一部が失脚すると同時に、西人がその勢力を盛り返すことになった。まず手始めは右議政の鄭彦信《ていげんしん》（一五二七～一五九一）の失脚であり、鄭澈はその後任として右議政になった。

いったい、鄭彦信は鄭汝立の謀反の知らせを受けてもこれを本気にせず、鼻で笑ってまともに取り上げようともしなかった。告発したものを切って捨てろ、とまでいったといわれている。そのうえ、彼は鄭汝立と同宗の東萊鄭氏。それだけに、かれが真っ先に鄭汝立の党与として疑われたことも当然といえば当然であろう。

宣祖二十二年（一五八九）十月、全羅道の在地士族である生員・梁千会《りょうせんかい》の上疏を切っ掛けとして台諫の弾劾を受けた鄭彦信は、まず右議政を罷免され、ついで「削黜」の処分を受け、さらに「付処」の処分を加重され、さらに「遠竄」の処分を加重されて慶尚道の南海県に流配された。削黜とは官職剥奪のうえソウルから追放すること。付処とは縁故地への流配、遠竄とは遠方への流配である。これでいったん処分は終わったはずであったが、翌二十三年（一五九〇）四月の全州儒生梁詗《りょうけい》の上疏をきっかけとして再び鄭彦信に対する批判が高まり、台諫が改めて取り調べ（推鞫《すいきく》）を要求したために、彼は南海県の配所からふたたびソウルに押送される。拷問の末に死刑の判決が下されることはほとんど必至であった。とはいえ、鄭彦信のような「大臣」に拷問を加えることは「礼」の理念に背くことになるので、宣祖はせめてもの温情として鄭彦信に「賜死」の命を下そうとした。これは毒杯による自殺の強要である。しかし、このころ左議政に昇進していた鄭澈はこれに反対し、あくまでも推鞫を行うことを要求する。そこで、引き続き尋問が行われたが、結局、証拠不十分のまま裁判は打ち切りとなり、鄭彦信は咸鏡道の甲山に流配されて、その地で配所の露と消えた。宣祖二十四年（一五九一）没。享年六十五歳（『国朝人物考』碑銘、趙絅撰）。

このとき、鄭彦信の「賜死」に強く反対した鄭澈の態度については、これを好意的に解釈する西人の立場と、あくまでも「死刑」に追い込むための悪意として解釈する東人の立場とで評価が分かれている。「賜死」による死と「死刑」による死とでは、その後の遺族の取扱いなどが大きく異なってくるからである。

なお、かつて鄭汝立を推薦した吏曹の官員たち、たとえば李山海《りさんかい》（一五三九～一六〇九）などの東人系の人々もまた、このとき台諫からの弾劾を受けて、いったんは地方官に左遷された。

李潑の死

次は鄭汝立の盟友と目されていた李潑（一五四四～一五八九）である。彼については先にも少し紹介したが、事件の当時は全羅道・光州の郷里に隠退していた。そこに鄭汝立の「謀反」の知らせがとどいたのである。かねて鄭汝立と親しい関係にあった李潑が、この謀反計画の一味とみなされたことは当然であろう。彼はすぐさま逮捕されてソウルに押送され、宮中での特別裁判にかけられることになった。

このときの裁判を担当したのが右議政の鄭澈である。彼は西人の領袖であり、かつ酒席の口論からかつて李潑の顔に唾を吐きかけたこともあった因縁の仲。当然、李潑に対して含むところがなかったとはいえない。しかし、鄭澈は一通り尋問したうえで証拠不十分として裁判を打ち切り、李潑は死刑をまぬかれて一旦は「遠竄」の処分に服することになる。

ところが、朝廷の議論はそれでは収まらず、再度、李潑に対する取り調べが行われる。李潑はあくまでも共謀を否認したが、ついには苛酷な拷問の末に獄死してしまった。宣祖二十二年（一五八九）十二月、享年四十六歳である。ただし、このときの裁判の担当官は鄭澈ではなかった。それでも、知り合いの担当官（禁府都事）に手を回して李潑を死に追い込んだのだ、というのが東人の側の言い分である。

鄭介清の死

同じころ、鄭汝立との関係を疑われた知識人の一人に鄭介清《ていかいせい》（一五二九～一五九〇）という人があった。鄭介清は羅州の在地士族。儒者としての声望が高く、かつ将帥としての才にも恵まれていた。このため鄭汝立の獄が起こると、鄭介清は鄭汝立との通謀を疑われて獄に収監される。鄭介清は容疑を否定したが、かつて鄭汝立に送った手紙のなかで、

――道を見ること高明なるは、当世ただ尊兄一人のみ（見道高明、当世惟尊兄一人而已）。

などと鄭汝立を絶賛していたこと、また「節義を排する論（排節義論）」を著して後漢末の「清流」の知識人たちを批判し、現実から遊離した「清議」は、かえって政争を激化させるばかりであると説いたことなどが当局者の怒りを招いて、咸鏡道北辺の慶源府に流配され、配所に赴く道中、拷問の傷がもとで亡くなってしまった。

鄭介清はもともと朴淳《ぼくじゅん》（西人）の門人であるが、当時の西人の領袖である鄭澈とは折り合いが悪く、このため西人よりはむしろ東人に属する人物とみなされていた。鄭介清に個人的な遺恨をもつ鄭澈が、ことさらに鄭介清を陥れた……というのが東人の側の言い分である。

崔永慶の死

もう一人、鄭汝立の獄に連座して追及の網に掛かった者のなかに崔永慶《さいえいけい》（一五二九〜一五九〇）という、慶尚道居昌県在住の知識人があった。関係者の取り調べの過程で浮かび上がってきた黒幕の「吉三峰」なる人物が、実は「崔三峰」すなわち崔永慶にほかならない、というのである。

崔永慶は東人系の知識人で、かねて鄭汝立と文通していたことは認めたものの、某年以降、文通は途絶えていたと証言する。ところが生憎と、家宅捜索で押収された証拠書類の中に、某年以降の手紙が存在した。さらには李珥や成渾のことを愚弄するような詩もでてきたので、これで宣祖の崔永慶に対する心証が一気に悪化してしまう。それでも証拠不十分で一旦は釈放されたものの、台諫の反対によって再び獄に収監され、結局、彼は宣祖二十三年（一五九〇）に獄死してしまったのである。

李潑母子の死

その後も関係者に対する取り調べは続いている。李潑の母の尹氏（年八十二）は「訊杖《じんじょう》」により、李潑の子の李命哲（年十）は「圧膝《あっしつ》」により、それぞれ残酷な拷問を受けた。このうち、訊杖というのは竹杖でふくらはぎを打つ拷問。圧膝というのは膝の上に板をかぶせて踏みつける拷問のこと。その苦痛はもちろんであるが、傷口が化膿すると獄中で死に至ることも少なくない。李潑の母と子とは健気にも拷問に耐えぬき、いずれも李潑の罪を否認したまま獄中で亡くなってしまう。これが宣祖二十四年（一五九一）五月のこと。鄭澈は後述する建儲問題ですでに罷免されていたが、それでも東人の人々は、彼らの獄死を鄭澈の差し金とみなしていた。

宣祖の苛立ち

しかし、鄭汝立の獄の取り調べがこのように際限もなく拡大していった責任の一端は、やはり国王宣祖その人にあるといわなければなるまい。裁判の過程で次々と引き出されていった証拠書類のなかには、宣祖を誹謗する言葉が数多く含まれており、たとえば白惟譲《はくいじょう》というひとが鄭汝立に送っ

た手紙のなかには、

――この人は疑り深くてひねくれている。少しも君主としての器量がない（此人猜忌狠愎、少無人君之量）。

などといった言葉が書き連ねられていた。そうしてそれらの批判には、実際、当たっているところも少なくはなかった。宣祖はそれらの文言を自筆で抹消したうえで証拠書類を裁判官に引き渡したというが、故意か過失か、その墨色が薄かったためにもとの文字が透けて見えて、内容が広く知れ渡ってしまったという。いずれにせよ、こうした手紙の内容が宣祖の心証を著しく害したことは言うまでもあるまい。そうしてそれが鄭汝立の党与に対する不信感を生み、獄事の拡大をもたらしたという側面は否定することができないであろう。

とはいえ、さすがに国王を批判することはできない。やりどころのない悲しみと非難の矛先は、西人の領袖である鄭澈と成渾の二人、とりわけ鄭澈のほうへと向けられていった。

第三節　辛卯士禍

宣祖には正室の生んだ「嫡子」がいない。このため、いずれは側室の生んだ「庶子」のなかから適任者を選んでこれを「王世子」、すなわち世継ぎに定めなければならなかった。しかし、宣祖の個人的な感情と、官僚たちの「公論」との間には齟齬があり、そこからさまざまな政治的波紋が生じていく。この「建儲《けんちょ》（お世継ぎの選定）」の問題が、鄭澈の失脚の直接のきっかけとなった。

建儲問題

宣祖二十四年（一五九一）二月のことである。このころ官僚たちの間で賢明との評判が高かったのは恭嬪《きょうひん》金氏（金希哲の女）の生んだ光海君《こうかいくん》であった。しかし宣祖自身は、内心、寵愛する仁嬪《じんぴん》金氏（金漢佑の女）の生んだ信城君《しんじょうくん》に位を継がせたがっているらしい。そうした国王の意中を忖度して、官僚たちもなかなかにこの問題を切り出すことができないでいた。

当時の首席の宰臣（領相）は李山海（東人）、次席の宰臣（左相）は鄭澈（西人）、三席の宰臣（右相）は柳成龍《りゅうせいりゅう》（東人）であったが、あるとき鄭澈と柳成龍とが話し合って、いよいよ国王に「建儲」の提案を行うことを申し合わせた。意中の人はもとより光海君である。ただし、李山海とは事前に申し合わせができなかったため、ひとまず鄭澈が口火を切って宣祖に「建儲」を願い出ると、宣祖はなぜか押し黙ってなにも答えようとしない。気配を察した李山海と柳成龍とは黙って事態を見守っている。そこで他の官僚たちが鄭澈の意見に賛同して口添えをしたところ、宣祖は激怒して彼らを叱りつけた。実は、この件について李山海が裏で仁嬪金氏の兄（一説に弟）の金公諒《きんこうりょう》に情報を流し、仁嬪のほうから宣祖に対して事前に宮中で妨害工作が行われていたのである。

鄭澈の流配

このため鄭澈は左議政の職を更迭され、いったん無任所の領敦寧府事に任命される。かくして光海君を王世子とすることに宣祖が内心反対であることが明らかになると、官僚たちはたちまち態度を豹変させた。もともと鄭澈に不満を抱いていた東人系の官僚たちは、ここぞとばかりに鄭澈の「乱政誤国」の罪を鳴らし、彼とその党派（西人）の処分を要請する。

こうして台諫の言論攻撃を一身に浴びた鄭澈は、まず罷職の処分を受け、その罪目が朝堂（宮中における百官の控えの間）に榜示される（閏三月）。その後、台諫の攻撃によって平安道の明川への流配が命じられ、ついで王命によって慶尚道の晋州に配所が変更される。しかし、晋州は鄭澈の郷里である全羅道の昌平県からそれほど遠く離れていない。これでは懲戒の意を示すに足らないとして台諫が反対したため、結局、鄭澈は平安道の北辺の江界府へと流配されることになった。

江界へと向かうにはソウルの北の臨津を渡らなければならない。そうしてそこは成渾の住まいである坡州の牛渓に近い。配所に旅立つ鄭澈のことを、成渾は息子の成文濬《せいぶんしゅん》とともに臨津で見送っている（七月）。

その後、配所に到着した鄭澈は、江界府使洪世恭《こうせいきょう》の監視のもとに置かれ、その屋敷の周りには厳重な囲いが張り巡らされる。こうした監禁つきの追放処分のことを「囲籬《いり》安置」というが、それはいわば死刑の執行猶予の状態であり、いつまたソウルに召喚されて、推鞫のうえで死刑に追い込まれるともしれない身の上である。

しかし、豪胆な鄭澈はそれを何ら気に病むこともなく、日々、朱子書や大学・近思録などを読んで過ごしていたといわれている。このとき鄭澈は数え五十六歳であった。

辛卯士禍

鄭澈が囲籬安置の処分を受けると、東人勢力はこのときとばかりに西人に対する言論攻勢を加え、多くの人々を「遠竄」、ないし「罷職」の処分に追い込んでいった。このとき鄭澈の党与として台諫からの指弾を受け、「罷職」の処分を受けた人々のなかには、成渾の門人である高山県監・黄慎《こうしん》の名前も含まれている。これを西人系の人々は「辛卯士禍《しんぼうしか》」と称した。

そもそも、宣祖が鄭澈を退けた理由はもっぱら建儲問題にあったが、そのことは表立って罪名とすることはできない。そこで「誤国」というあいまいな名目で処分を行ったわけであるが、そこにさらに追い打ちをかけるために、このとき崔永慶の獄死の問題が蒸し返される。東人は「吉三峰」が「崔三峰」、すなわち崔永慶であるとの証言を行った梁千頃《りょうせんけい》、梁千会らを再逮捕して拷問を加え、それが鄭澈の差し金であったとの証言を引き出すことに成功した（八月）。

もとより拷問による証言であるから真偽のほどは定かではない。それでも、この証言に基づいて囲籬安置の鄭澈を再び召喚し、推鞫を加えて「死刑」に追い込もうとするのが東人の思惑である。ところが幸いにも、このときは鄭澈への強硬な処分を主張する「北人」と、やや微温的な「南人」（いずれも「東人」の分派）とで台諫の意見がまとまらず、鄭澈へのさらなる弾劾はひとまず見送られる。その代わりに、崔永慶については職牒を還給してその名誉が回復された（『宣祖実録』二十四年八月癸卯条）。以上が宣祖二十四年（一五九一）、辛卯の年の政変である。

このとき、崔永慶の誣告事件に関連して獄死した人々のなかには、姜沆《きょうこう》の兄・姜涀《きょうけん》（一説に姜《きょう》瀣《かい》）も含まれている。辛卯士禍より以降、閑散とした成渾の門下には寄り付くものもまれであったというが、そうしたなかでも当時数え二十五歳の姜沆（号は睡隠、一五六七〜一六一八）は、四年後の宣祖二十八年（一五九五）にわざわざ成渾のもとを尋ねている（『牛渓先生続集』巻四、与安景容昶）。二人の師弟関係がいつから始まったのかはよくわからないが、おそらくは辛卯年以降の互いの不遇が二人を強く引き寄せたのであろう。

第五章　壬辰の倭乱

朝廷の混乱をよそに、成渾《せいこん》は亡き友・李珥《りじ》の文集の編纂作業に没頭している。そんな彼のもとに、日本軍の朝鮮侵攻という衝撃的なニュースが伝わってきた。

宣祖二十五年（一五九二）四月、釜山に上陸した日本軍は、まず釜山・東莱を攻め落とし、尚州で李鎰《りいつ》の軍を破り、その後、鳥嶺《ちょうれい》の険をやすやすと越え、忠州の弾琴台に背水の陣を張った申砬《しんりゅう》の軍隊を蹴散らして一気にソウルへと進軍する。このため、宣祖はいち早くソウルを棄てて開城に遷り、開城から平壌へ、平壌から安州・寧辺へ、寧辺から義州へと落ち延びて、この国境の地でかろうじて足を踏みとどめた。

宣祖がソウルから逃亡したことを、朝鮮の史書では好んで「邠《ひん》を去る（去邠）」と称している。これは中国古代の周の太王（古公亶父《ここうたんぽ》）が、異民族の圧迫を避けて「豳《ひん》（邠）」から岐山《きざん》に都を移したこと、しかし民が彼を慕って一緒に移動したために、かえって国が栄えたという故事にもとづく。

はたして本当に国が栄えたかどうか……。まずは動乱に至るまでの経緯を確認しておくことにしよう。

第一節　動乱の始まり

宣祖二十二年（一五八九）、鄭汝立《ていじょりつ》の獄で朝鮮の国内が大いに揺れ動いていたころ、海を越えた日本においても大きな変革の時代が訪れていた。一五八七年に九州を平定した豊臣秀吉《とよとみひでよし》は、いわゆる「唐《から》入り」の前提として、朝鮮国王に日本への来参を促すよう、対馬宗氏に命令を下す。これを受けて対馬から橘康広《たちばなやすひろ》（柚《ゆ》谷康広《たにやすひろ》）が派遣されるが、この最初の交渉は失敗に帰した。そこで秀吉の厳命により、改めて宗義智《そうよしとし》（小西行長《こにしゆきなが》の女婿）が朝鮮に派遣され、秀吉の天下統一を祝賀するという名目で、日本に「通信使」を派遣することを求めてきた。

通信使の派遣

これより先、中宗三十九年（一五四四）の蛇梁《だりょう》倭変、明宗十年（一五五五）の達梁《たつりょう》倭変、宣祖二十年の損竹島《そんちくとう》倭変など、朝鮮半島の南岸を荒らした度重なる「倭寇」の活動によって、朝鮮と日本との通交関係は断続を繰り返した。しかし、その「倭寇」の活動も秀吉の九州平定によって鎮められたので、この機会に「通信」の関係（正式の国交）を再開したいというのである。

この日本からの要請に対し、朝鮮の国内では激しい論難が繰り広げられた。たとえば成渾の門人である趙憲《ちょうけん》――彼は東人政権を批判して吉州（咸鏡道）の嶺東駅に流されていたが、その後、鄭汝《ていじょ》立《りつ》の獄が起こると、かねてより鄭汝立を批判していた「先見の明」が評価されて配所から釈放され、落郷先の沃川郡（忠清道）に帰っていた――は、流配の前後を通して東人政権への批判を繰り返し、特に日本への通信使の派遣については強く反対した。趙憲はいわゆる「交隣」の美名の下に侵略の意図をかぎつけ（事実、侵略の意図はあったのである）、日本の要求は断固撥ねつけるべきであると宣祖に訴えていた。

とはいえ、それでは日本に対する宣戦布告に等しく、朝鮮は直ちに戦争に引き込まれてしまうおそれもある。そこで東人政権はひとまず日本の要請を受け入れて通信使を派遣することにした。当面の危機を回避しつつ、日本に「侵略」の意図があるかどうかを実地に探索するという、より現実的な路線を選ぶことにしたのである。

通信使の帰朝報告

宣祖二十三年（一五九〇）、日本に通信使が派遣されたが、このときは正使の黄允吉《こういんきつ》が西人で、副使の金誠一《きんせいいつ》と書状官の許筬《きょせい》が東人である。

金誠一（一五三八〜一五九三）はいかにも「礼義之邦」の士大夫らしく、行く先々で日本の「非礼」を指摘し、接待の儀礼の訂正を要求した。彼としては、これで日本の鼻をへし折ってやったつもりである。とはいえ、秀吉のほうでは朝鮮の使節が「入貢」してきたと考えているので、朝鮮使節への応接がおろそかになっても一向に平気である。折からの小田原征伐で秀吉は京都を留守にしていたため、朝鮮の通信使一行は京都で待ちぼうけを食らったあげく、ようやく京都に帰ってきた秀吉からは、きわめて高飛車な「国書」を手渡された。

そこでは朝鮮国王のことを「殿下」ではなく「閣下」と呼び、朝鮮からの礼物を「方物」と呼んで、それを「領納」した、などと書かれている。これではいかにも朝鮮が日本に「朝貢」してきた形になるので、さすがに朝鮮の使節も文言の書き換えを要求し、日本の側もそれを了承する。しかし、国書のなかの、

――ひとたび超えて直ちに大明国に入る（一超直入大明国）。

という、いわゆる「唐入り」の意図を示す文言については、「日本から明に朝貢するという希望を述べたものにすぎない」と称して、あくまでも書き換えを認めようとしない。そこで、朝鮮の使節はひとまずそれに納得したふりをして、早々に国書を受け取り帰国の途につく。ぐずぐずしていると、そのまま日本に抑留されかねないと危惧していたのである（『宣祖修正実録』二十四年三月条）。

かくして宣祖二十四年（一五九一）三月に帰朝した使臣たちは、国王に対してそれぞれに自分の意見を申し述べた。このうち、正使の黄允吉（西人）は、「秀吉には侵略の意図がある」と復命し、副使の金誠一（東人）は、「秀吉には侵略の意図はない」と強弁して意見が食い違ったが、このころは主として東人が政権を担っていたので、結局は東人の主張が通り、その分、日本に対する警戒の輿論は薄まってしまった。

いったい、日本に侵略の意図があったとすれば（事実、侵略の意図はあったのである）、そもそも通

信使を派遣したこと自体が誤ったメッセージであったということになり、これは国内政治において西人の勢力に恰好の攻撃材料を与えることになってしまう。事実、配所から沃川（忠清道）にもどった趙憲などは、通信使の派遣に先だち、「日本の使者を斬り捨て、一連の経緯を明朝に報告すべし」と激しく当局者を批判していた。

こうしたなか、通信使の派遣を断行した東人政権としては、立場上、日本の侵略の意図を公に認めることはできなかったのである。また一連の経緯を明朝に報告すると、かえって「境外の交わり」――明朝に断りなく日本と通交していること――が露見して明朝からの問責を食らう恐れもある。そこで、とりあえず「侵略はない」ということにして西人の攻撃を封じ込め、その間にひそかに国防の備えを固めようというのが東人政権（具体的には金誠一）の思惑であった。

しかしその備えを固める暇もなく、宣祖二十五年（一五九二）に日本軍は釜山の海を覆うようにして一斉に渡海してきたのである。

破竹の進撃

肥前・名護屋《なごや》の陣から渡海した日本軍は、壱岐、対馬を経て釜山に着岸し、まずは釜山僉使の鄭《てい》撥《はつ》（一五五三～一五九二）と東萊府使の宋象賢《そうしょうけん》（一五五一～一五九二）とを血祭りにあげる。その後、北上して尚州で巡辺使李鎰《りいつ》（一五三八～一六〇一）の陣を破り、慶尚道と忠清道との境に当たる鳥嶺

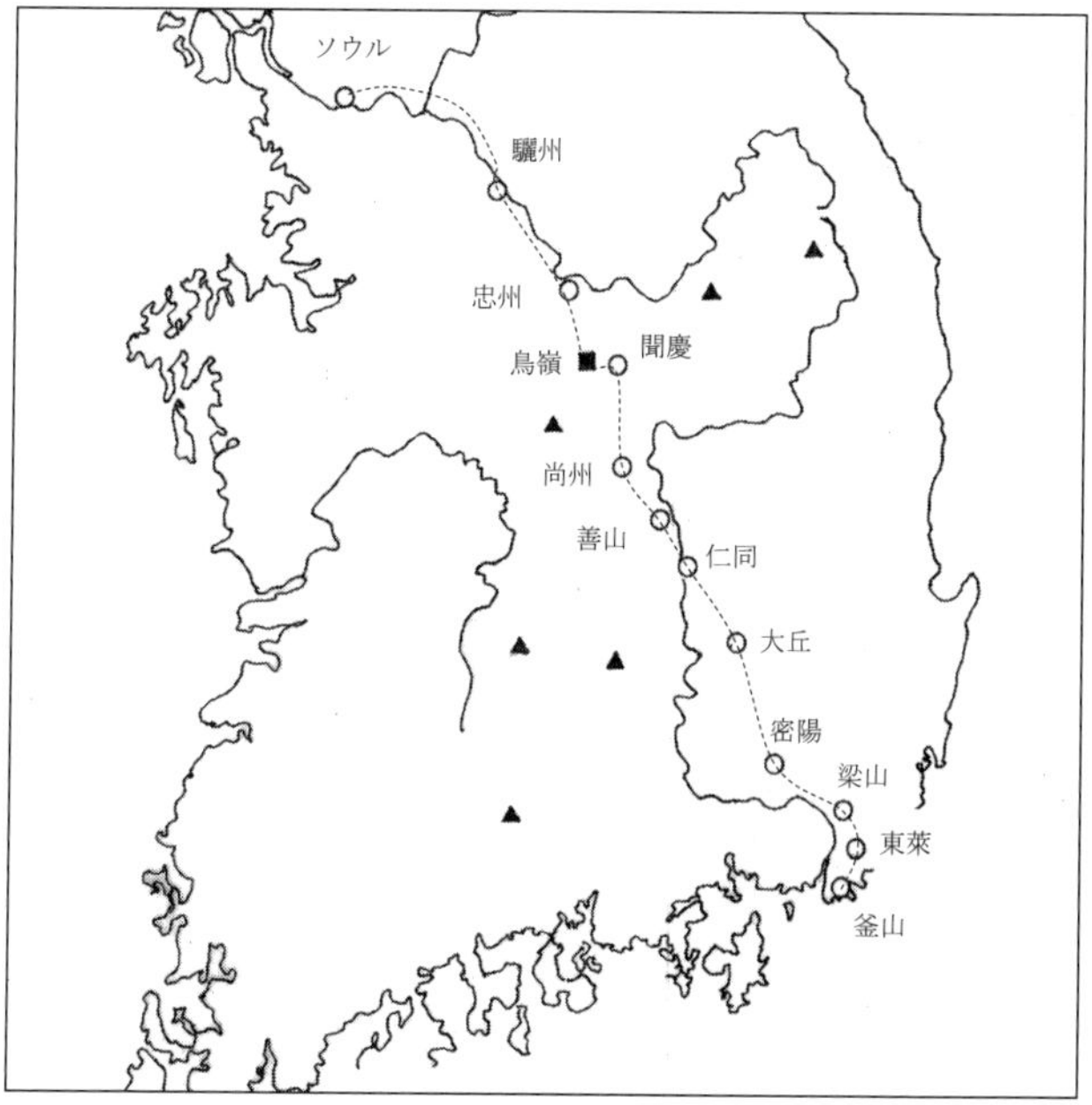

地図２　行軍路

の険をやすやすと乗り越え、忠州の弾琴台で申砬《しんりゅう》（一五四六〜一五九二）の軍を蹴散らすと、一気にソウルへと進軍する。申砬の敗報を受けたソウルの人々は一気に浮足立ち、朝廷では日本軍の進撃を待たずして早々に「去邠《きょひん》」の方針を固める。かくして国王宣祖はソウルから開城へ、開城から平壌へ、平壌から安州・寧辺へ、寧辺から定州・宣川を経て義州へと一目散に落ち延びていった。

一方、国王に見捨てられたソウルでは、早くも乱民たちによる放火・略奪がはじまっている。加藤清正《かとうきよまさ》と先陣争いを演じた小西行長が、一足はやく東大門への一番のりを果たし

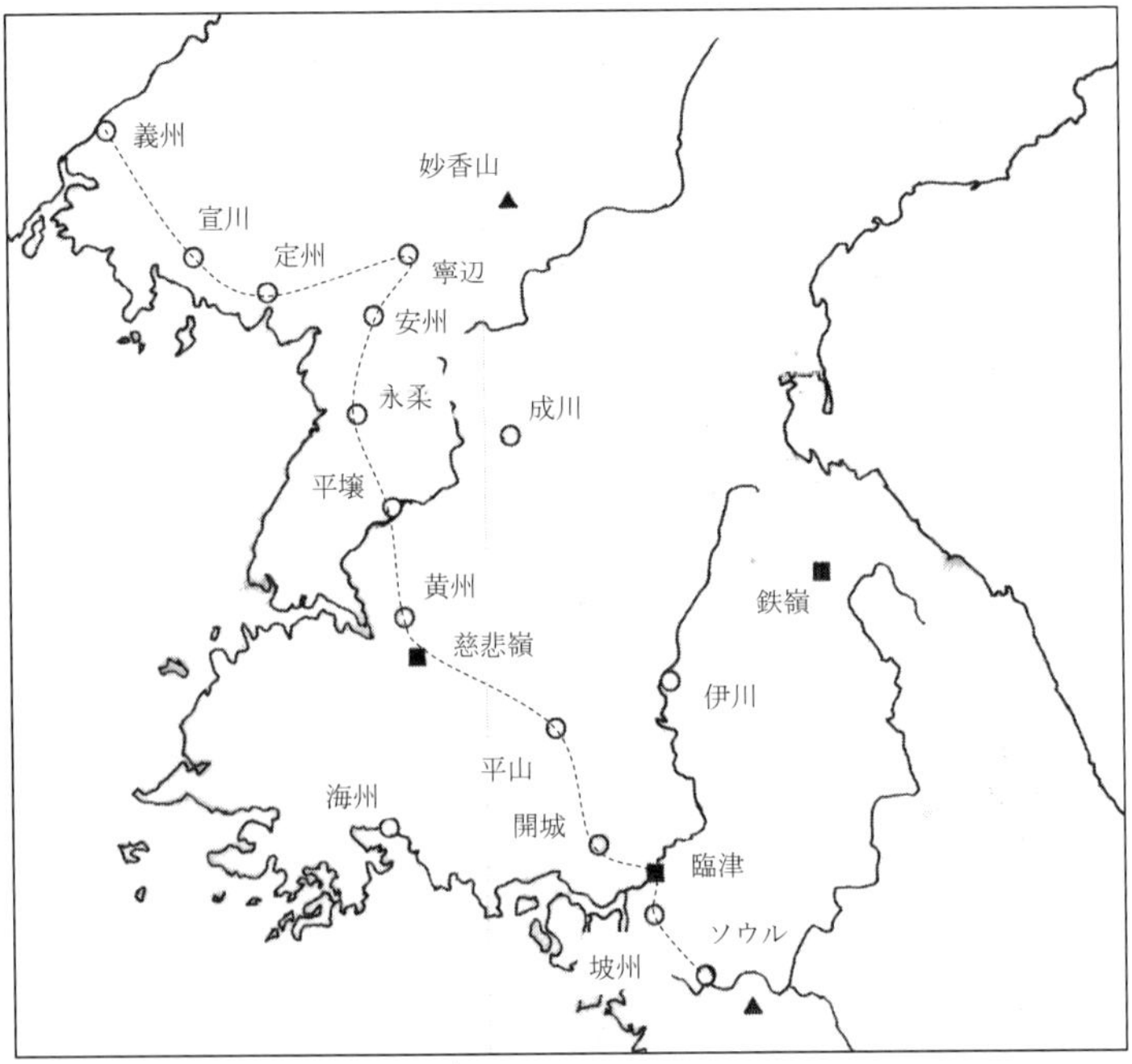

地図３　去邠

たとき、朝鮮の君臣はとっくにソウルを後にしていた（『懲毖録』）。置き去りにされたソウルの人々は、いったんは郊外に避難したものの、おいおいとソウルに舞い戻って、多くは「賊」と雑居していたといわれている（『海東名臣録』巻七、金千鎰）。

成渾の避難生活

宣祖の逃避行は、成渾の住む坡州を経由している。具体的には、ソウルから坡州の臨津を渡って開城へと向かっているのである。しかし、坡州の牛渓に住む成渾は、近隣とはいえ国王の動静をつかむことができず、宣祖とは行き違いになって臨津での参謁を果たすことができなかった。このため、成渾はそのまま戦乱を避けて山間部に避難している。

このとき成渾の一家は二手に分かれた。まず息子の成文濬《せいぶんしゅん》は母親（つまり成渾の妻）を奉じて伊川に逃れ、そこから平安道に向かって龍川にあった家奴の屋敷に転がり込む。一方の成渾は、しばらく安峡・兎山の間にとどまっていた。宣祖のもとに駆け付けたい気持ちはやまやまであったが、それにはいろいろと差しさわりがある。このころの成渾は鄭澈《ていてつ》の党与とみなされ、勘気を被って謹慎中の身。だから君主のお召しもないのにお目通りをすることはできないと考えたわけであるが、これは後々、君主を見捨てた「遺君」の行いとして、東人の人々から執拗な非難を受けることになる。

鄭澈の釈放

さて、ひとたび開城に落ち着いた宣祖は、ここで恩赦を発布し、東人である李山海の「去邪」を主導した罪と、それに追随した柳成龍の罪を鳴らしてそれぞれに処分を下すとともに、西人の鄭澈に対してはその処分を解除して行在所（仮の御所）に召し出す。これはつまり、通信使を派遣して日本への対応を誤った東人に対する一時的な処罰（柳成龍は後に復権する）と、それに反対した西人に対する復権の措置といえよう。

これにより、江界の配所から釈放された鄭澈は、平壌において宣祖にお目通りし、以後、宣祖の逃避行に付き従うことになる。一方、東人の領袖である李山海は「交結宮禁、濁乱朝政」の罪で西人の弾劾を受け、結局、慶尚道の平海に遠竄となった。

分朝

その後、平壌を後にした宣祖一行は、寧辺府に至って二手に分かれる。一つは宣祖に従って国境の地の義州へと向かい、もう一つは光海君《こうかいくん》を奉じて江原道の伊川に「分朝」を立て、ここで国内の抗戦勢力を指揮することになる。

光海君はいわゆる「去邠」に際して王世子《おうせいし》に立てられていた。かねて光海君の王世子冊立に難色を示していた宣祖も、この非常時においては抗戦の輿論をつなぎとめるために、光海君の王世子冊立を認めざるを得なかったのである。こうして「分朝」という新たな抗戦の拠点が成立すると、成渾は召し出しを受けて王世子のもとへと向かうことになった。

天兵の来援

このころ戦況は大きく反転する。中国明朝からの「天兵」の来援である。

明朝ではまず遼東の副総兵・祖承訓《そしょうくん》の軍隊を派遣して平壌の日本軍を攻撃するが、祖承訓は日本軍を甘く見て手痛い反撃を食らう。ついで宣祖二十六年（一五九三）正月、倭寇との闘いに慣れた江南の軍隊をも加えた遼東の名将・李如松《りじょしょう》の軍隊が再度南下すると、今度は平壌の日本軍を蹴散らし、開城

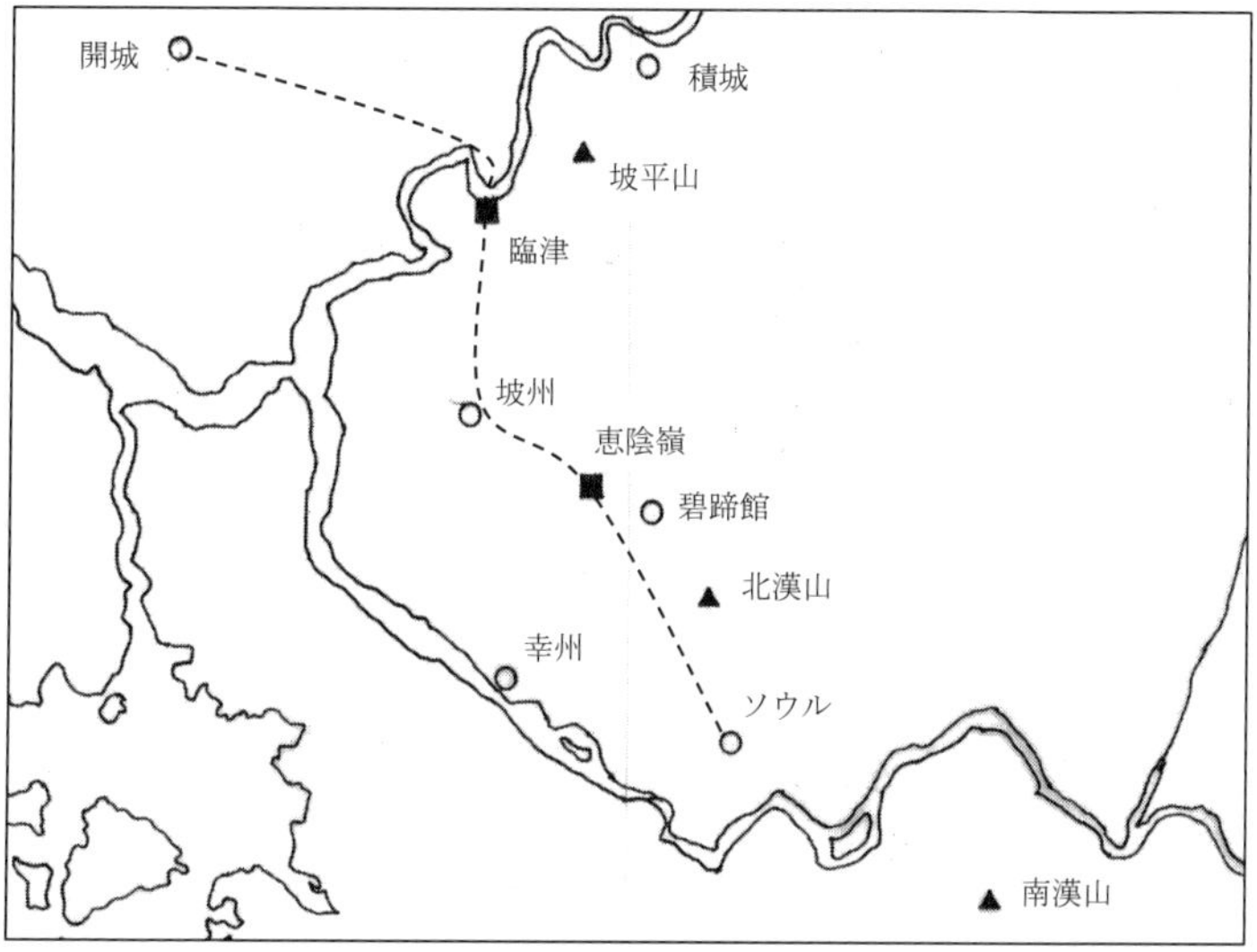

地図４　碧蹄館

を奪い取って、一気にソウルを奪還する勢いを示す。ところがその直前、李如松は碧蹄館《へきていかん》の戦いで日本軍の手痛い反撃を受け（一五九三年正月二十六日）、あっさり開城に引き返してしまう。日本軍手ごわしとみた明朝の将軍（天将）たちは、これで一気に戦意を喪失してしまった。

　一方、日本軍はこの機に乗じて勢力を巻き返そうとしたが、このとき朝鮮の権慄《けんりつ》（一五三七〜一五九九）にソウル近郊の幸州山城を奪われ、北上の勢いを削がれた日本軍もまたソウルでの停滞を余儀なくされる。かくして戦線は膠着状態に陥り、日明の双方から講和の気運が高まっていった。

第二節　動乱の幕間《まくあい》

講和の推進役となったのは小西行長《こにしゆきなが》と沈惟敬《しんいけい》の二人である。二人は早くから講和のタイミングを見計らっていたが、日明双方に厭戦の気分が広がってきたところでいよいよ本格的に講和の交渉を進めていく。朝鮮の宣祖は、「天兵」が日本軍を蹴散らしてくれるものとばかり思いこんでいたので、朝鮮の頭越しに進められる講和交渉には大いに不満であった。とはいえ、自身にはなんら軍事力がないので、ここは「天将」たちの意向に従うしかない。かくして日明の講和の交渉がまとまると、日本軍はいったんソウルを引き上げて帰国の途に就くことになった。

趙憲の殉節

話は少しさかのぼるが、ここで朝鮮の各地における「義兵将」たちの活躍について触れておこう。その代表的な人物の一人が、ほかでもない、成渾の門人（ないし友人）の趙憲《ちょうけん》（一五四四〜一五九二）である。

すでに述べたとおり、趙憲は当時の東人政権を批判して吉州（咸鏡道）の嶺東駅に流されていたが、その後、鄭汝立の獄を予言した「先見の明」によって配所から釈放され、倭乱の当時は落郷先の沃川郡（忠清道）に戻っていた。趙憲はこの地で義兵を組織し、日本軍に対するレジスタンスを展開する。

いわゆる「義兵」は、主として在地士族が書院（地方の私学・私塾）のネットワークなどを駆使して組織した郷村の自警団のようなもので、有体にいうと配下の小作人や奴婢を駆り集めて組織した急ごしらえの軍隊にすぎない。当然、戦力としては百戦錬磨の日本軍に太刀打ちすることはできなかった。しかし、地の利を知り尽くした義兵のレジスタンスも決して侮ることはできない。なによりも抵抗の火の手を挙げることによって、朝鮮の人々の「士気」を高めたところに、彼らのもっとも大きな功績を認めることができる。

趙憲の率いる義兵軍は、清州の日本軍を襲撃して一時は勝利を収めたものの、次いで全羅道・錦山の戦いに敗れて潰滅する。趙憲はいわゆる「七百義士」とともに、この地で壮絶な討ち死にを遂げた。

分朝

一方、伊川県から王世子のお召しを受けた成渾は、病身のため、すぐに王世子のもとに赴くことはできなかったものの、ひとまず「軍務十六条」の建白書を奉り、各地の義兵将と行動をともにしながら拝謁の機会をうかがっていた。その後、平安道の成川郡に居を移していた王世子にようやく拝謁を果たす。ここで成渾は門人である黄慎《こうしん》に再会した。黄慎は王世子の有能な側近として、分朝において健筆を振るっていたのである（『秋浦先生集』巻二、王世子在成川、親臨犒軍慰諭書）。

成渾はその足でさらに国王宣祖の避難先である義州の行宮《あんぐう》に赴く。宣祖は彼を「資憲大夫・議政府右参賛」に任命した。これは形式的とはいえ宰相のポストである。成渾は例によって辞退しようとしたが、場合が場合だけに、今度ばかりは拝命し、ようやく宣祖との対面に及んだ。

晋州城の陥落

一方、ソウルを撤退した日本軍は、その帰途、金千鎰《きんせんいつ》らの立てこもる晋州（もくそ城）に猛攻撃をしかけ、ついにこの地を攻め落とした（一五九三年六月）。これは将来、朝鮮半島の南半の四道（忠清道・全羅道・慶尚道・江原道）を併合するための足掛かりとして、まずその障碍となる晋州の地を攻め落としたものにほかならない。

朝鮮半島の南岸に残留した日本軍は熊川（こもかい）に「倭営」を築き、その他、沿岸の各地に「倭城」を構築して再征の足掛かりとする。要は講和による領地の割譲を前提とした一種の保障占領といえよう。一方、日本軍と入れ替わりに明朝の軍隊と、その指揮下の朝鮮軍とがソウルを接収した。明朝軍は格好だけ日本軍を追撃し、途中で引き返して講和の成り行きを見守ることにした。そうして国王宣祖もまたソウルへと帰還すべく、義州から定州へ、定州から永柔へと行宮を移す。ところがその宣祖のもとに、実に驚くべきニュースが飛び込んできた。

犯陵賊

これよりさき、日本軍が引き上げたあとのソウルとその近郊とは荒廃に委ねられていたが、なかでもソウルの南方（漢江の南）に位置する成宗の陵（宣陵）と中宗の陵（靖陵）とは、戦乱の最中、何者かによってその棺を荒らされ、成宗とその妃の棺は焼かれて灰となっていた。中宗の棺も焼かれていたが、なぜかそのご遺体と思しきものは、墓穴のなかに丸裸で放置されていたのである。

図10　靖陵

まずは犯陵賊の第一報に接した体察使・柳成龍《りゅうせいりゅう》の指揮により、野ざらしになった中宗のご遺体（と思われるもの）を漢江北岸の松山里（楊州）に移し、その真偽を調査するための使者が派遣される。その使命を受けたもののなかには、当時、大司憲、ついで知中枢府事を拝命していた成渾（西人）と、最初の現地調査を指揮した柳成龍（東人）とが含まれていた。

靖陵の奉審

成渾の日記（『牛渓集拾遺』）によると、彼は宣祖二十六年（一五九三）五月四日に靖陵の現地調査（奉審）に加わるようにとの王命を受け、三登、遂安、坡州、楊州、松山を経由して六月初二日にソウルに到着している。その後、十二日の夜明け、ソウルの南大門の開門を待って漢江南岸（広州）の宣陵（成宗の陵）、靖陵（中宗の陵）へと向かった。

一方の柳成龍（一五四二〜一六〇七）は、壬辰倭乱の史実を赤裸々に記録した『懲毖録《ちょうひろく》』の著者として名高い東人の領袖で、成渾とは対立する間柄である。彼には「雲岩雑録《うんがんざつろく》」という随筆があり、自身も参加したこの遺体調査の経緯についても詳しく記録している。しかしその記述にはやや小説がかったところもあり、「怪神乱力を語らず」をモットーとする儒者の気風にそぐわないため、これは柳成龍の名をかたった後人の附会の文にすぎないとする意見もあるが、ともあれ、この随筆のなかの成渾は、ご遺体の保護に際して活躍した柳成龍の功を妬んでその足を引っ張った「奸人」として描かれているのである。

まずは生前の中宗の特徴を書き出し、それを問題の遺体の特徴と照らし合わせてみるが、似ているようでもあり、似ていないようでもあってはっきりとしない。攪乱のために関係のない遺体を放置した可能性もある。しかし「似ている」という意見に対しては成渾が大声で反対し、「そのようには見えない（不見如是）」と一一反論するので、結局、皆はその意見に押されて遺体の真偽を不明として報告した。このため靖陵には棺を焼き捨てたと思しい周辺の燃えかすのみを埋め戻して、問題の遺体は付近の別の場所に埋葬することにしたのである（『宣祖修正実録』二十六年五月条）。

しかし、後世の東人系の人々は、この結果に次第に疑問を抱くようになった。成渾らが真偽不明（おそらくは偽物）として捨ててしまった遺体は、実は本物であり、このため、中宗の在天の霊がお怒りになって、今でも夜な夜な靖陵の辺りから哭き声が聞こえてくる……。「雲岩雑録」にはそのような志怪小説めいた後日談が記されているのである。

宣祖への復命

かくして中宗のご遺体の問題は一応の決着がついた。この間、宣祖は永柔県から海州へと御座所を移していたので、成渾は復命のため海州の行宮へと向かう。ところが、載寧の大慈院に至ったところで熱病を発し、そのまま載寧郡に担ぎ込まれた。いよいよ、死を覚悟した成渾は、こまごまと遺言をしたため、後事を親友たちに託しているが、このときは幸いに一命をとりとめ、なんとか無事に海州の行宮に至って宣祖への復命を果たすことができた。

その後、宣祖は海州を後にし、宣祖二十六年（一五九三）十月初四日に、ようやくソウルへの帰還を果たす。ただし、成渾は宣祖の還都には同行せず、亡友李珥のゆかりの地である海州の石潭にそのままとどまっている。

ソウルに帰還した宣祖は国家の「中興」を誓って「教書」を宣布するが、その起草者は成渾の門人の黄慎であった（『秋浦集』巻二、大駕還都後教書）。

第三節　講和論の展開

宣祖はようやくソウルに帰還したが、その間にも日本と明朝との間では講和の交渉が進んでいた。自分たちの頭越しに進められていく両国の交渉の行方を、朝鮮の君臣はやきもきしながら見守っていた。

ソウルへの帰還

上述のとおり、宣祖二十六年（一五九三）の十月初四日に宣祖はソウルに戻り、貞陵洞の月山大君の旧宅（今の徳寿宮の地）にひとまず居を定めた。景福宮、昌徳宮、昌慶宮の三宮と、宗廟、社稷壇、文廟など、ソウル北部の主要な建物はすべて焼野原となってしまっている。帰還後の朝廷では柳成龍が領議政となり、東人が政権を掌握した。そうして西人の鄭澈が「謝恩使」として明朝に派遣され、それを受けて明朝では日本に対する「封貢（冊封と朝貢）」の議論が進められた。

鄭澈の死

この間に、朝廷内の勢力構図も大きく変わっていく。なにより、西人の領袖というべき鄭澈が宣祖二十六年（一五九三）十二月に亡くなってしまった（享年五十八歳）。鄭澈は「謝恩使」として明朝に派遣されたときに、沈惟敬ら講和派が言いふらした「まことに餘倭なし（委無餘倭）」との風説に的確に反論しなかった罪で弾劾を受け、江華島での謹慎中に亡くなってしまったのである。

鄭澈の死は、一時失速していた東人の人々に反転の機会を与えた。彼らは鄭澈こそが崔永慶《さいえいけい》を無辜の死に追いやった張本人であると主張してその罪を鳴らし、鄭澈に対して「追奪官爵」の処分――官人としての名誉を没後に一切剥奪すること――を要求する。

執拗に繰り返される三司（司憲府・司諫院・弘文館）の弾劾に根負けした国王宣祖は、ついに「勉めてこれに従」い、すでに亡くなっている鄭澈の官爵を追奪した（『宣祖実録』二十七年十一月丁亥条）。

成渾の入朝

これより先、成渾は宣祖と別れて海州の石潭に滞在していたが、忠清道方面で起こった民乱――宋儒真《そうじゅしん》の乱。後述する李夢鶴《りぼうかく》の乱とは別のもの――の知らせを受けるとさっそく入朝して宣祖にご機嫌伺い（問安）を行っている。これは鄭汝立の獄のときと同じように、――君主の一大事においては、たとえ謹慎中の身であっても安穏としているわけにはいかない。

という真心からであったが、同時にそれは身の潔白を示すため、つまり反乱謀議に加わっていないことを明らかにするためでもあった。しかし、宣祖の反応は冷たい。

——壬辰の年には臨津に駆け付けてくれなかったのに、今回こうして駆け付けてくれたとは、感激のあまり涙が出そうになる。

と皮肉をいう。成渾はただ恐縮するばかりであった（『牛渓先生集』巻三、因批旨自劾疏〈甲午四月〉）。

成渾への讒言

そもそも、このころの宣祖は成渾に対してあまりよい感情を抱いてはいなかったが、それは東人勢力による讒言《ざんげん》の影響である。

これより先、壬辰倭乱で宣祖が「去邠《きょひん》」し、ソウルから開城へと向かう途中で臨津の渡しを渡ろうとしたとき、

——成渾の屋敷はどのあたりか。

と左右の者に尋ねたところ、当時兵曹佐郎であった李《り》弘老《こうろう》（一五六〇～一六一二）が路傍の家屋を適当に指さしながら、

——あそこに見える、あの家が成渾の屋敷でございます。

と出鱈目をいった。

――ならば、なぜ予に拝謁しにこないのか。

と不審に思った宣祖に対し、李弘老は、

――こんな時に、どうして拝謁にやってきましょうや。（とっくの昔に、どこかに逃亡しているに違いありません。）

と重ねて出鱈目をいった。

その後、成渾が王世子（光海君）の分朝を経由して義州の行宮に参上すると、このときにも李弘老は出鱈目をいって、

――大方、王世子への内禅（譲位）を願い出るためにやってきたのでしょう。

などと宣祖に毒を吹き込んでいた（『宣祖修正実録』二十七年三月条、三十九年正月条）。

このため、民乱の知らせを聞いた成渾が慌ててソウルに駆け付けたときにも、宣祖は彼のことを冷たくあしらっているのである。

講和論への賛否

その後、引き続いて朝廷に出仕した成渾は、備辺司（軍事評議会）の一員として日本との講和の議論に加わることになった。

このころ、明の経略（総司令官）である宋応昌《そうおうしょう》は日本に「封貢」を許して講和を進めようとした

が、明朝国内で主戦派の弾劾にあって罷免され、その後任として顧養謙《こようけん》が経略となった。彼にとっても講和以外に取るべき道はなかったが、いかんせん、明朝の国内では礼部や臺諫などの主戦論の勢いが強く、下手をすると宋応昌と同じように弾劾を食らいかねない（事実、後に弾劾されて孫鉱《そんこう》と交代している）。そこで顧養謙は朝鮮のほうから日本の「封貢」を願い出させることにしようと裏から手をまわしてきた。

これに対し、宣祖は不満の色を隠すことができない。講和を主張する官僚たちに対し、あてつけがましく王世子への譲位をほのめかす一幕もあった。とはいえ頼りの「天兵」たちは、すっかり戦争に嫌気がさしていたから、宣祖としても当面、講和派の主張を受け入れ、明朝と日本との間で進められていく講和の推移を見守っていくしかなかったのである。

成渾の講和論

備辺司の一員として意見を求められた成渾は、あらまし次のように論じている。

――そもそも日本は祖宗の陵墓を荒らした不倶戴天の讎であり、日本と和議を結ぶことなどは、本来、あってはならない。とはいえ、明朝が日本の「和議」を受け入れるとしても、それは明朝と日本との問題であり、目前の急場をしのげるのであれば、我が国としては強いてこれに反対する必要はない……。（『牛渓先生続集』論奏本事楊前啓辞〈甲午五月〉）

いささか苦しい言い訳であるが、要は日本との講和もやむを得ない、というのがこのときの成渾の判断であった。しかし、このとき講和論を主導した成渾のことを、宣祖は内心、決して許してはいなかったのである。

成渾の身辺事情

講和の問題で宣祖の不興を買った成渾は、その後、宣祖二十七年（一五九四）九月に職を辞して、ひとまず黄海道・延安の角山というところに落ち着いていた。その成渾のもとに、平安道の龍川に避難していた息子の成文濬《せいぶんしゅん》が、久しぶりに帰省している（滄浪年譜）。このとき、成文濬に同行していた成渾の女《むすめ》たち――南宮夫人（南宮蓂《なんきゅうめい》の妻）と八松夫人（尹煌《いんこう》の妻）――は、成渾の身の回りの世話をしている侍女のことでいろいろと気をまわし、正妻である母（申氏）の同意のもとで、この侍女を成渾の側室に迎えさせた。成渾としては、一応、やむを得ずこれに従った、という体裁である。

翌年（宣祖二十八年、一五九五）、坡州の牛渓に戻った成渾は、この侍女との間に庶子の成文潜《せいぶんせん》を儲けた。このとき成渾は数え六十一歳。老いらくの恋……かどうかはわからないが、ともかくも道学先生らしからぬところで、このことは後に問題となる。

李夢鶴の乱

宣祖二十九年（一五九六）七月、朝鮮では忠清道の鴻山県で李夢鶴《りぼうかく》の乱が起こった。ちょうど明朝と日本との間で講和の交渉が進められていた最中の出来事である。

李夢鶴は全州李氏、すなわち朝鮮王室の血筋に連なっているが、「孽裔《げつえい》」とよばれているとおり傍系王族の、それも側室から生まれた者の子孫である。彼は壬辰の乱に際して官軍の訓練将校（操練将官）となり、鴻山県の無量寺に拠点をおいて地元の兵力を組織していたが、その参謀に韓絢《かんじゅん》という者がおり、これが李夢鶴をそそのかして反乱を起こさせるに至った。このころ民衆の不満が高まり、地方の統治も乱れていたので、「世直し（安民定国）」の旗を掲げれば一挙に政府を転覆することもできる、と考えていたのである。

事実、民衆は「仏様のおでまし（聖仏出世）」と称して李夢鶴のもとに集まり、鋤や鍬を棄てて続々と反乱軍に加わっていった。このころ忠清道の林川県で避難生活を送っていた呉希文《ごきぶん》の周辺でも、この反乱軍に加わった者が少なくない（『瑣尾録』第四、丙申日録）。李夢鶴は彼らに勝手に官位を与え、あたかも新たな王朝を創始したかのようにふるまっていた。

かくして反乱軍は忠清南道の一帯を制圧する勢いであったが、その地域の中核都市である洪州の攻略に失敗すると、たちまち反乱軍の足並みが乱れ、内部からの寝返りによって李夢鶴は殺されてしまう。内通者が李夢鶴の首を手みやげに官軍に投降すると、反乱はあっけなく収束した（『宣祖修

図11　無量寺極楽殿（現在は忠清南道扶餘郡外山面に属する）

正実録』二十九年七月条、尹国馨『甲辰慢録』）。

しかしこの事件の余波は、成渾の門人にまで及んでいる。李夢鶴は世論工作の一環として、

——忠勇将の金徳齢《きんとくれい》、義兵将の郭再祐《かくさいゆう》・洪季男《こうきだん》等は、皆わが軍と連携して援助してくれている。兵曹判書の李徳馨《りとくけい》は、朝廷側からわが軍に呼応する手はずになっている。

などと言いふらしていた。もとよりデマにすぎないのであるが、このうち金徳齢（一五六七～一五九六）だけは実際に獄に収監され、反乱軍に通謀しているとの嫌疑で厳しい拷問を受けた。彼はその容疑を否認したが、結局、獄中で死亡している。

いったい、郭再祐・洪季男や李徳馨は当時の政権与党である東人の系列であるので、彼らに対する嫌疑は不問に付されていた。一方、金徳齢はかつて成渾の教えを受けたことから西人と目されており、このため金徳齢だけがことさらに通謀の嫌疑を受けることになったのである。

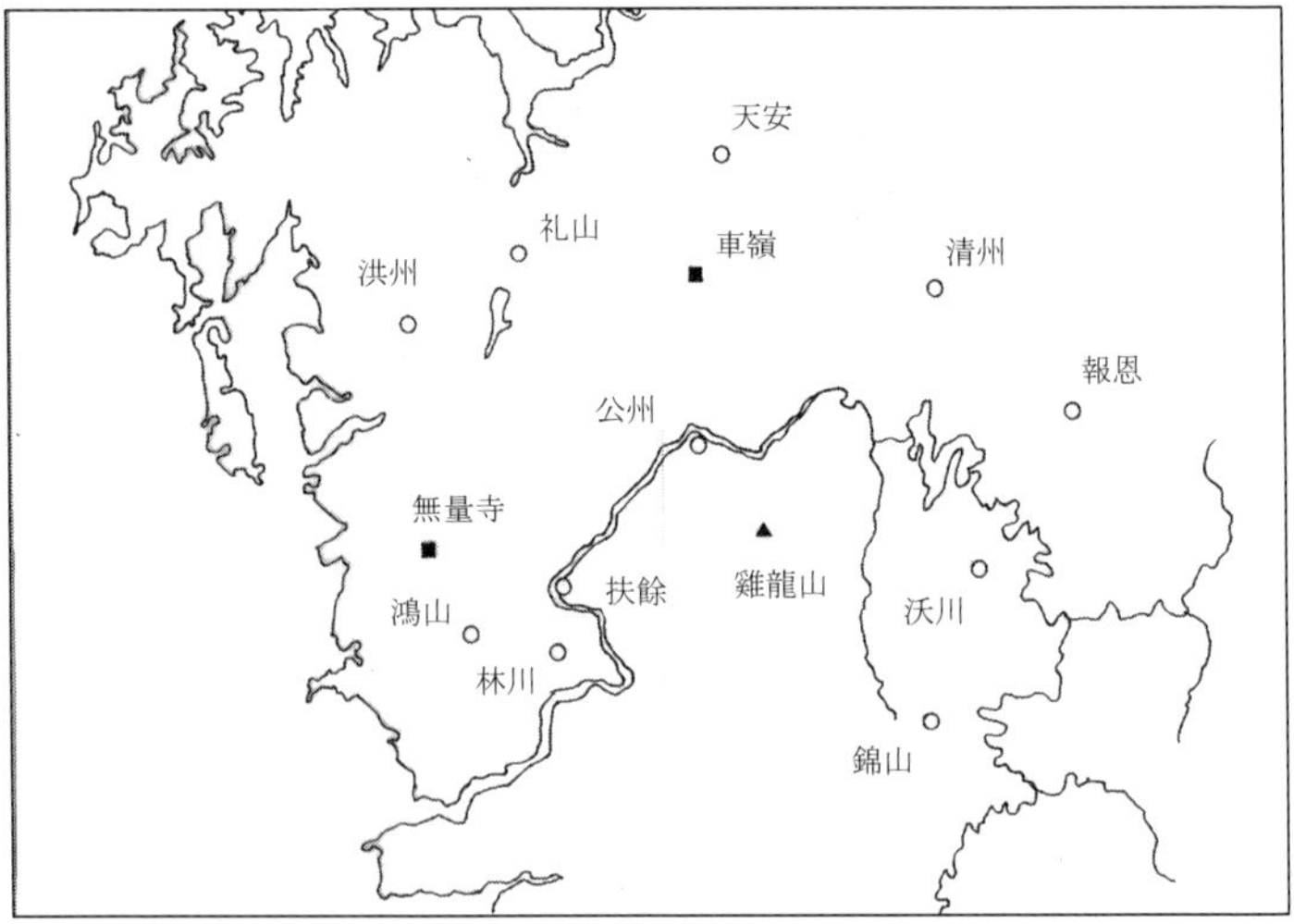

地図5　李夢鶴の乱

明らかに冤罪であったが、その名誉回復（復官）は没後六十五年を経た顕宗二年（一六六一）まで待たなければならなかった。

第六章　丁酉の再乱

沈惟敬《しんいけい》ら講和派の主導のもと、明朝は日本に対して講和のための三つの条件を提示していた。
⑴　ただ冊封を求めるだけで、朝貢を求めてはならない（求封、不求貢）。
⑵　只の一人も釜山に軍をとどめてはならない（一倭不留釜山）。
⑶　未来永劫、朝鮮を侵略してはならない（永不侵朝鮮）。
これに対し、日本から交渉のために遣わされた小西飛（内藤如安）は天を指して遵守を誓う。そこで明朝から秀吉を「日本国王」に封じる冊封使節が派遣されることになったのである（『宣祖修正実録』二十七年九月条）。
ところが、明朝から派遣された正使の李宗城《りそうじょう》（朝鮮の史料では李宗誠とも表記する）が、日本への渡航の直前、臆病風に吹かれて釜山から逃亡するなどといった番狂わせもあって、急遽、副使の楊邦亨《ようほうこう》を正使に繰り上げ、講和派の沈惟敬を副使として改めて日本へと遣すことになった。講和論への疑問・反対の声は、依然として根強いものがあったのであろう。

一節　講和の破綻と再乱

宣祖二十九年（一五九六）、明の冊封使節はようやく日本へと渡海した。しかし日本と明とが自国の頭越しに講和を結ぶことについて、朝鮮の宣祖は、内心、強い不満を抱いている。そこで朝鮮が後から文句をいってこないように、沈惟敬・小西行長《こにしゆきなが》ら講和派は朝鮮のほうからも「通信使」を派遣させ、日本と明との講和を側面から固めさせることにした。朝鮮のほうではもとより反対の声も少なくはなかったが、結局は小西行長らの主張に押し切られ、明の冊封使に同道して朝鮮からも通信使が派遣されることになったのである。

このとき、決死の覚悟で日本に渡った通信使こそは、成渾の門人の黄慎《こうしん》（一五六二～一六一七）であった。恩師・成渾に告別の書簡を送って日本に渡った黄慎は、その後、足掛け二年に亘って日本に滞在し、「東槎日記（日本往還日記）」と題する紀行文を残している（『秋浦先生年譜』所収）。この紀行文を通してこのときの外交交渉のあらましをたどってみることにしよう。

黄慎の東槎日記

通信使に任命された黄慎は、宣祖二十九年（一五九六）八月初四日に釜山から船を発して日本へと旅立つ。正使が黄慎で副使は朴弘長《ぼくこうちょう》。随員を含めると総勢三百九人という大所帯である。釜山から絶影島に渡って出洋。このとき海神にささげた「誓海文」は、別本『東文選』にも収録された名文として知られる。その後、船酔いに苦しみながらも、対馬、壹岐、浪古也《なごや》（名護屋）、加羅都麻《からどま》妻《り》（唐津）、藍島《あいのしま》、赤間関《あかまがせき》（下関）、無論注味《むろつみ》（室積）、上関《かみのせき》、甘夫老《こうのうら》（神浦）、加亡加里《かまがり》（蒲刈）、都《と》

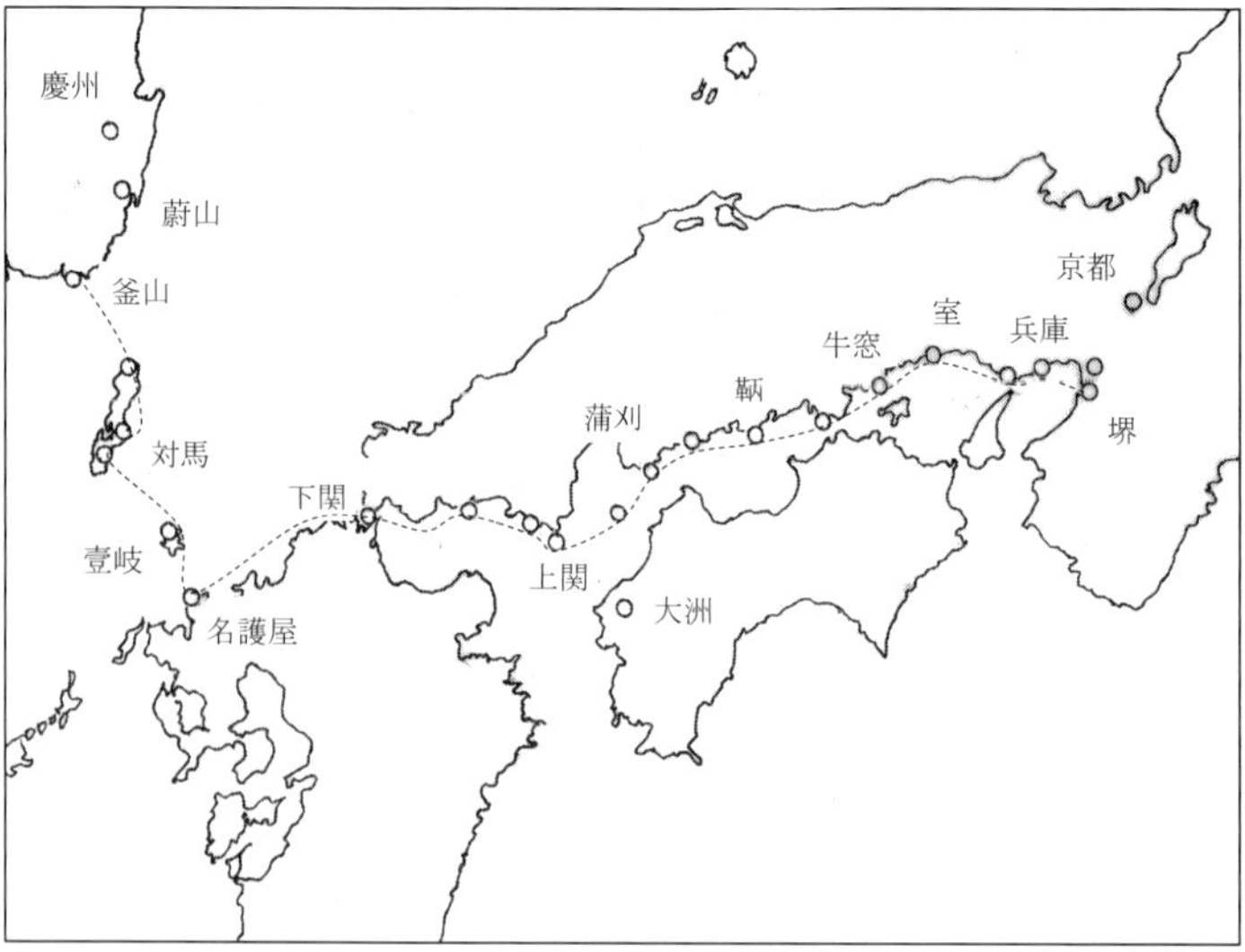

地図6　釜山から堺へ

毛《も》（鞆）、牛窓《うしまど》、無老《むろ》（室）、兵庫を経由して、閏八月十八日に沙蓋《さかい》（堺）に到着。ここでようやく明の冊封使節一行に追いつく。ところが黄慎らはそこで足止めを食らい、冊封使節のみが一足先に五沙蓋《おおさか》（大坂）に向かうことになる。この年の閏七月、畿内では大地震が起こり、秀吉の居城である伏見は壊滅的な被害を受けた。このため、冊封使節の接見の場は大坂に変更されていたのである。

冊封使節を迎え入れた秀吉は、当初はご機嫌であったという。ところがその後、秀吉の態度は一変し、明の誥勅を受け取りながら、それに対する答礼の表文（謝恩表）を提出しようともしない。そのうえ、朝鮮の通信使（黄慎）に対しては、秀吉ははじめから謁見の機会さえ与えなかった。

――朝鮮は事ごとに明と日本との講和の邪魔をし、あまつさえせっかく解放してやった二王子をお礼に遣わそうともしない。はなはだ無礼である。

というのがその理由である。

いわゆる「二王子」については後に触れるとして、こうした秀吉の態度の急変については、当事者である通信使の黄慎が、あらまし次のような観察を残している。

――今回の講和は小西行長や宗義智《そうよしとし》、柳川調信《やながわしげのぶ》らのお膳立てであるが、それを主戦派の加藤清正らがひっくり返してしまったのであろう。

結局、黄慎は持参した国書を秀吉に渡すこともできず、使命を果たせないまま、わずか十日ほどの滞在の後、手ぶらで帰国の途につかなければならなかった。

復路は往路を逆にたどり、閏八月二十九日に沙蓋（堺）から船を発し、兵庫関、無老浦（室）、牛倉（牛窓）、柄浦（鞆浦）、上関、赤間関（下関）、藍浦（藍島）、浪古耶（名護屋）、壹岐、対馬を経て十一月二十三日に釜山着。名護屋では要時羅《よしろう》（与四郎）という対馬の人が朝鮮の言葉で黄慎と対話し、日本の当時の実情を率直にぶちまけていて興味深い。要時羅がいうには、

――関白（秀吉）は人々の信頼を失っている。彼は苦労人で民間の苦しみを知らないわけではないが、だからこそ民心の離反を恐れて人々を戦争に駆り立てているのだ。もはや戦争は避けることができない。おそらくは全羅道に向かい、それがかなわなければ忠清道、または京畿に向かうかも

しれないが、いずれにしても全羅道は必争の地となることだろう。

帰国後、黄慎の提出した復命書によれば、倭軍の再出兵は、おそらくは翌年正月ないし二月。本隊の出兵は、三月ないし四月になるとのこと（『秋浦先生集』巻二、通信回還後書啓〔丙申十一月〕）。

それでも講和派の小西行長らはなんとか事態を収拾し、朝鮮から改めて二王子のいずれかを日本に派遣させて、解放のお礼を申し述べさせることを条件に秀吉の機嫌をなだめようとする。朝鮮が二王子を派遣してこなかったことを、秀吉が講和の廃棄の口実にしていたからである。

二王子の処遇

問題の二王子とは宣祖の庶子である臨海君《りんかいくん》と順和君《じゅんわくん》のこと。彼らは「去邠《きょひん》」に際して咸鏡道と江原道に派遣され、その後、日本軍に追い込まれて東北辺境の会寧《かいねい》の地に逃げ込んでいたが、ここで地元の民衆に過剰な負担を強いたために土豪・鞠景仁《きくけいじん》の反乱を招き、会寧にまで進軍した加藤清正の陣に人質として突き出されてしまっていた。その後、講和に際してこの二王子が釈放されて朝廷に戻っていたのであるが、秀吉としては、この二王子のいずれかが、当然、その解放のお礼に、講和の人質となって参上すべきであると考えていたのである。

二王子の派遣を実現するためには、まず朝鮮のほうでも明朝と協議しなければならない。ソウル・北京間を往復するための時間を考慮して、ひとまず二か月ほどは出兵を待つことにするので、

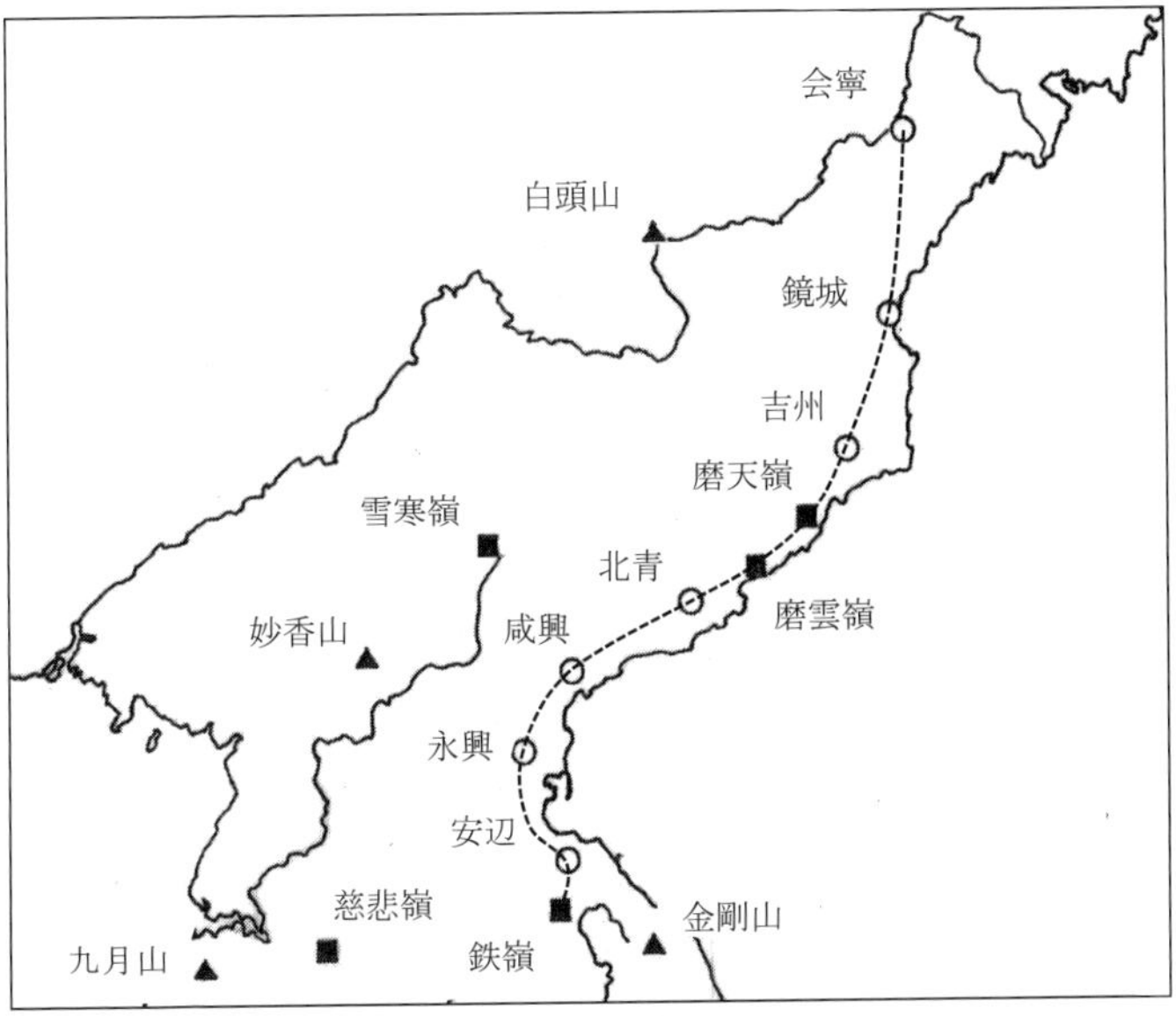

地図７　咸鏡道

その間に是非、朝鮮のほうで話をまとめてほしい、というのが小西行長ら講和派のほうの希望である。秀吉の強硬姿勢に難渋しながらも、彼ら講和派はぎりぎりのところで何とか戦争を回避しようと必死の努力を重ねていたのである。

とはいえ二王子を派遣すれば、あたかも朝鮮が日本に服属したかのような格好になる。朝鮮の輿論がこれを受け入れるはずはない。かくして講和が決裂したことを、宣祖はむしろ喜んでいる。もはや戦争の再開は必至であった。

戦闘の再開

講和の決裂の要因は、表向き、朝鮮が二王子を派遣しなかったことにあったが、そ

図12　広寒楼（南原）

れは口実にすぎない。秀吉としては当初期待していた要求事項、すなわち朝貢と割地とがすべて明朝によって拒絶された以上、実力行使によってそれを明朝に認めさせる以外に選択の余地はなかったのである。かくして宣祖三十年（一五九七）正月、日本軍は朝鮮への侵略を再開した。前回、全羅道の掌握に失敗し、海上の補給路を維持できなかったことが敗因の一つとなっていただけに、今回の日本軍はソウルへの進軍を後回しにして、まずは全羅道の掌握に全力を注ぐ。例の要時羅が予告していたとおりである。一方、楊元《ようげん》の率いる明朝軍はいち早く全羅道の南原《なんげん》に進軍して防禦の体制を整えたものの、日本軍に包囲されて南原は陥落し、楊元は城を捨てて逃亡する。このとき、日本軍による攻撃の矢面に立たされた全羅道の人々は、その多くが捕虜となって日本に連行されていった。

姜沆の抑留生活

姜沆《きょうこう》（一五六七〜一六一八）は成渾の門人である。丁酉再乱の当時、刑曹佐郎の職にあった彼は、休暇を取って郷里の霊光郡に滞在していたが、戦争の再開により分戸曹参判李光庭《りこうてい》の属官（郎庁）に任命され、全羅道で軍糧の調達に当たっていた。しかし日本軍が南原府を攻め落とすと、楊元の率いる明軍はいったん全羅道を撤退し、姜沆の上官である李光庭も早々にソウルに引き上げてしまう。

このため姜沆もいったん霊光郡に帰り、巡察使従事官の金尚寯《きんしょうしゅん》（一五六一〜一六三五）とともに「義兵」を組織しようとしたが、なかなか思うように兵が集まらない。日本軍はすでに蘆嶺《ろれい》（全羅北道と全羅南道の境）を越えて、いよいよ霊光郡に迫ってくる。新たに全羅道に赴任した巡察使の黄慎は、同じく成渾の門人である姜沆を従事官に任命する。姜沆はこれに応じようとしたが、すでに陸路は日本軍によってふさがれていた。

九月十四日、日本軍が霊光郡を攻略すると、姜沆はやむを得ず、海に入って逃亡しようとしたところを日本軍に生け捕りにされ、務安、順天、安骨浦、対馬、壹岐、肥前、下関、上関（赤間関）を経て伊予の大津《おおず》（大洲）にまで捕虜として連行されていった（『睡隠集』渉乱事迹）。

その後、宣祖三十一年（一五九八）八月に秀吉が亡くなると、姜沆は大坂を経て伏見に連行され、その地で僧侶の舜《しゅん》首座（藤原惺窩、一五六一〜一六一九）と出会う（阿部吉雄『日本朱子学と朝鮮』）。成

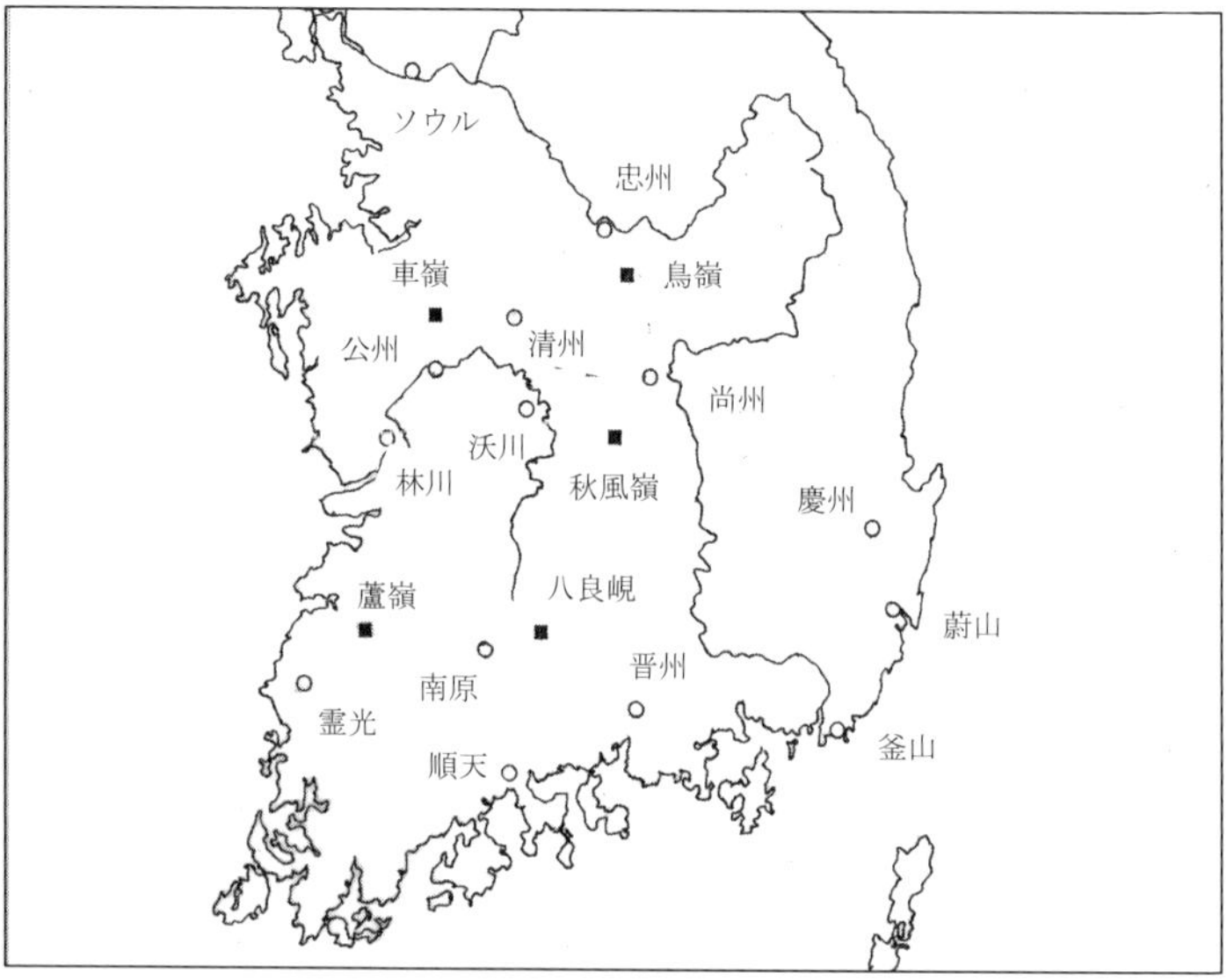

地図８　南原と霊光（全羅道）

渾の学問は、この姜沆を介して日本にも伝わっていたのである。

日本における姜沆の抑留生活については、邦訳もある『看羊録』の記載に譲ることにしよう。藤原惺窩から「こぶとり爺さん」の話を聞いたこと（『睡隠集』巻三、瘤戒）なども興味深いが、ここでは割愛して、さらに丁酉再乱の展開を追うことにしたい。

日本軍の撤退

これより先、明軍の南下に備えた日本軍は、宇《う》喜《き》多《た》秀家《ひでいえ》を釜山に、加藤清正を蔚山に、小西行長を順天に、島《しま》津《づ》義弘《よしひろ》を泗川にそれぞれ駐屯させ、朝鮮半島の南岸の地を押さえて持久戦の構えを示していた。このうち、加藤清正は慶尚道の島山（蔚山）に立てこもって明軍の経理（総司令官）の楊鎬《ようこう》、提督・麻貴《まき》らの猛攻を支え、ついにこれを撃退する。もっとも、楊鎬のほうではこれを勝ち戦と称して北京に報告したため、もともと楊鎬らと対立していた兵部主事の丁応泰《ていおうたい》がその内情をすっぱ抜き、果ては朝鮮が日本と内通しているとまで言い放った。丁応泰は朝鮮の『海東諸国紀』を入手したが、そこでは日本の年号の下に中国の年号が双行注で記されていた。これこそは朝鮮が日本に内通している動かぬ証拠、というのである。このため宣祖三十一年（一五九八）七月に楊鎬は罷免され、万世徳《ばんせいとく》がその後任となったが、朝鮮のほうでは自国の濡れ衣を晴らすべく、李恒福《りこうふく》、李廷亀《りていき》らを北京に派遣してひたすら弁明に努めた（李廷亀「丁主事応泰参論本国辨誣奏」）。

そこへ秀吉の訃報（一五九八年八月）が伝わり、日本軍はひそかに撤退を始める。このうち、全羅道・順天に陣を構えていた小西行長は、あらかじめ明軍に「わいろ」を贈って退路を確保し、海路、日本へと撤退していった。しかし、その行く手に明の都督陳璘《ちんりん》と、朝鮮の統制使李舜臣《りしゅんしん》（一五四五～一五九八）の率いる水軍が立ちはだかる。李舜臣はこの露梁《ろりょう》の戦いで一命を落とし、小西行長は危機一髪のところでかろうじて日本への退路を切り開くことができた。

かくして救国の英雄・李舜臣の死とともに、壬辰・丁酉の倭乱も幕を引くことになる。

明軍の撤収

宣祖三十二年（一五九九）、日本軍は朝鮮半島から完全に撤退した。この間、中国のほうでは講和を推進した沈惟敬《しんいけい》と、彼を推挙した兵部尚書の石星《せきせい》とが獄につながれ、石星は獄死、沈惟敬は刑死の憂き目にあっている。朝鮮でもこれに連動して講和派の成渾らを処罰しようとする動きがあったが、何分、戦時中のため、しばらくその処分は保留となる。

かくして日本軍を追い払った明朝軍は、宣祖三十二年（一五九九）四月から撤退を始め、翌三十三年（一六〇〇）九月に撤退を完了する。朝鮮半島にもようやく平穏な日々が訪れることになった。

第二節　成渾の遺言

これより先、朝廷を退いた成渾は、年相応に、自分の死後のことをたびたび考えるようになった。なかでも気がかりなのは、自らの宗族である「昌寧成氏」の行く末である。

始祖の祭祀は本家（大宗）が取り仕切るのが原則であるが、何分、負担が重いために、世間一般ではこれを一族の輪番で行っている。しかし、なかには当番に当っていながら祭祀を行わないような不心得者もあって、だんだんと一族の祭祀が廃れていくことも少なくない。そこで、成渾は本家（大宗）が責任をもって祭祀を行うこととし、その保障としての族産（奉祀田民）を代々本家が世襲していくという原則を建てて、これを一族のものと遵守していくことを、息子の成文濬《せいぶんしゅん》に命じて

いる（『牛渓先生集』奉祀田宅奴婢世伝宗家遺書〈丁酉五月〉）。

ここで「田民」というのは、耕地と奴婢のこと。耕地からは小作料の収入が上がり、奴婢からは人頭税（身貢）の収入が上がる。これがいわゆる「両班《ヤンバン》」の経済力の基盤となる。そこで成渾は祖先の祭祀を維持することを宗家の責任とし、その保障としての田民を宗家に優先的に分配するという原則を打ち立てたのである。このように宗家を優先する制度は、その後、昌寧成氏のみならず、他の氏族にも次第に広がって、いわゆる「宗族」の組織を強化することになった。この宗族の組織が朝鮮時代の両班社会を支えていたのである。

成渾の庶子

成渾には成文濬のほかにも、側室の生んだ成文潜という庶子があった。この時代、士大夫が側室との間に庶子を儲けるのは別段珍しいことではない。しかし、成渾のような「道学先生」となると、やはり「色欲」にまけて側室をかこった、云云というような、心無い誹謗中傷を招くことは避けられない。この点については朴世采《ぼくせいさい》の『南渓集』（巻五十七、雑著、記少時所聞）に次のような記述がある。

——（自分の女婿である）元斗杓《げんとひょう》がかつていうには、元斗杓の師である朴知誡《ぼくちかい》（号は潜冶）が牛渓先生の「色失」を論じてつぎのようにいった。牛渓はあるとき窓枠のところに「某年某月日」と書付をした。客が何のことか尋ねたところ、「実はこの日に侍婢と間違いを犯したので、後々、自分の胤かどうかわかるように、記録しておいたのだよ」と答えた。こうして生まれたのが文潜であるが、これは「絶無にして僅有」（万に一つの誤り）である。

牛渓の『年譜補遺』を編纂した後人の尹光紹《いんこうしょう》（成渾の外六代孫、一七〇八～一七八六）も、このエピソードについては、やはり気になるところがあったのであろう。次のような詳細な説明（ないし言い訳）を付記している。

――先生は家族と分かれて成川の分朝に赴かれたが、このとき身の回りのお世話をするものがいなかったので、文潜の母（当時十七歳の童婢）にお世話をさせた。その後、甲午年（一五九四）に延安に落ち着いて、はじめて家族と再会したが、いまだ戦乱も収まらず、また家族離散することになるかもしれなかった。そこで文潜の母のこれまでの労苦に報いる意味で、彼女を正式に側室に入れることにした。その際、（成渾の息子である）成文濬から（成渾の妻である）母親に手紙を書いて彼女の承諾を取り付け、さらに（成渾の娘である）姉妹たち（南宮夫人と八松夫人）からも先生に直々にお願いして、そこでようやく先生も笑ってこれを許されたのである。その後、乙未年（一五九五）に文潜が生まれているから、これは正式に側室に入れてから儲けた子供である。決して先生が「色欲」に迷って生ませたわけではない。（『年譜補遺』巻二、雑録下。尹光紹『素谷先生遺稿』巻十四、辨誣録）

このころ身の回りの世話をする侍婢との間に庶子を儲けたのは、なにも成渾一人に限ったことではない。とはいえ、この種の庶子の存在は、とかく家庭内の紛争――とりわけ財産争い――のもととなった。だからこそ息子である成文濬は、事前に母や姉妹の同意を求めて紛争の種を摘み取ろうとしたのであろう。

子孫への訓戒

老境に入った成渾は、息子の文濬に対して幾つかの処世訓を残している。いわば「父から息子への手紙」である。

――君子たるもの、施すべきところには施し、そうでなければ施さない。用いるべきところには用い、そうでなければ用いない。これが財産運用の秘訣。財産については義理に依拠して運用し、節度をたもって家庭を営み、農業にいそしんで、家族が食うに困らないだけの収穫を得る。それ以上には蓄財に意を用いてはならない。(『牛渓集拾遺』書、答子文濬)

――出仕しないのであれば、役所から派遣される属吏の出入りを謝絶し、役所からは一切付け届けを受け取ってはならない。また朝報の類も受け取らないほうがよい。(同右)

朝報というのは、朝廷の人事や議論を掲載した官報のようなもの。地方在住の士大夫たちは、中央の官庁から、または地方州県からこの朝報の写しを手に入れて、それで政界の動向を察知していた。しかし、そうした朝廷の議論にも一切背をむけて、ただひたすらに自己の「道徳」の完成と「礼」の実践とに努めよ、というのである。

このほかにも成渾は折に触れて子孫への訓戒を残しているが、なかでも次の一節には成渾の人柄が最も良く示されている。

――今は戦乱の世で、士族も郷里を離れて流亡の暮らしを強いられている。こういうときこそ奴隷・下僕を恩愛の心で撫で慈しみ、彼らと農業に力を尽くして本原の務めに励むべきである。このほか、子供たちにはよくよく読書を仕込み、わが先祖代々の学問の家風を途絶えさせてはならない。学問さえ途絶えなければ、私は死んでもあの世で安らかにすごすことができよう。（『牛渓先生集』示子文濬及三孫児〈乙未春〉）

右の訓戒は宣祖二十八年（一五九五）二月、避難先である黄海道・延安の角山で書かれた。成渾が思い描いた理想の暮らし――それは在地士族として家内の奴隷・下僕を率いながら農業経営にいそしみ、同時に子孫には学問を仕込んで「両班」としての家門の維持を怠らないこと。これこそが当時の「両班」たちの典型的な生存戦略であった。

必ずしも「官職」に就くことが必要なわけではない。官職に就くに値する「道徳」を身に着けること、そうしてそれを、「礼」の実践を通して社会に示し続けていくことこそが必要とされていたのである。

為学之方（朱門旨訣）

最後に成渾の編著について触れておこう。彼は初学者に対してまず朱子の書簡を抜粋した「為学之方」を熟読するようにと指導した。これは後に『朱門旨訣』と題して単行されるようになった書物である。内容そのものは主として朱子の文章であり、成渾自身の著作とはいえない。しかし、その編纂のあり方に、おのずから成渾の意図が込められているのである。

――学者須らく先ず此れを読んで以て基本を立つべし。読まざるべからざるなり。

成渾にとっては朱子こそが学問の絶対的な指針であった。そこで門人たちに対しても、まずは朱子の文章を通して学問の方向性を示し、あとはひたすらそれを実践することを求めたのである。

知友との別れ

この間、成渾は多くの知人・友人を壬辰の乱で亡くしている（『牛渓先生拾遺』親旧死於壬癸賊鋒、附病亡）。

たとえば栗谷夫人（李珥の妻の盧氏、盧慶麟《ろけいりん》の女《むすめ》）。彼女は中宗三十六年（一五四一）の生まれというから李珥より五歳下。明宗十二年（一五五七）、数え十七歳で李珥に嫁ぎ、李珥の没後、八年の歳月を未亡人として過ごしていたが、そこに壬辰の乱が勃発すると、病身を理由に避難を拒んで坡州の李珥の墓所に留まり、五月十二日に日本軍の侵寇を受けて節に殉じた。享年五十二歳（金長生撰

「李珥行状」)。

次に趙憲《ちょうけん》(一五四四〜一五九二)。かねて日本軍の侵攻を予見していた趙憲は、おりしも亡くなった妻の辛氏を金浦に葬ったのち、沃川郡(忠清道)に引きこもって日本軍の侵攻に備えていた。そこに釜山・東萊の陥落の知らせが届くと、趙憲はさっそくこの地で義兵を組織し、公州に兵を進めてこの地を拠点に義兵将として活躍する。いわゆる義兵は在地士族のネットワークを基盤として郷村の自衛兵力を組織した一種の義勇兵のこと。趙憲はこの義兵を率いて各地の日本軍を襲撃し、清州に進軍して日本軍に一矢を報いたものの、錦山郡の戦いにおいて日本軍に包囲殲滅され、いわゆる「七百義士」とともに壮絶な戦死を遂げる。時に宣祖二十五年(一五九二)八月十八日。享年四十九歳であった(安邦俊『抗義新編』)。

さらには金千鎰《きんせんいつ》(一五三七〜一五九三)。彼は明宗二十一年(一五六六)に「遺逸」として推薦された李恒《りこう》の門人で、自身も宣祖六年(一五七三)に「遺逸」として朝廷に推薦された。成渾もまた同じ年に「遺逸」として推挙されているので、金千鎰とはこの時以来の友人である。金千鎰はもともと羅州在住の儒学者であったが、壬辰の乱に際しては全羅道の在地士族を率いる義兵将として活躍し、北上して江華島に拠点を移すと、朝廷から「倡義使」の称号を与えられた。壬辰の乱に活躍した代表的な義兵将の一人といえよう。

その後、彼は前半戦のハイライトともいうべき晋州城の籠城戦において自ら死地に赴き、落城の際には息子の金象乾とともに矗石楼《ちくせきろう》から南川の淵に身を投げて落命した（享年五十七歳）。成渾はその壮絶な最期について、ただただ「痛哭痛哭」と記すばかりである。

図13　矗石楼（晋州）

成渾の最期

友人・知友が次々と亡くなっていくなかで、ついに成渾にも最期の時が訪れようとしていた。鄭澈の追奪以後、朝廷では東人が勢力を振るい、成渾は「罪籍」に名を付されてもっぱら牛渓に引きこもっていた。しかも病は次第に深まっていく。このころ近所で火事が起こり、成渾の家も類焼して、先祖伝来の書籍をすべて失ってしまった。これでがっくりしたのかどうか、ともかく成渾は宣祖三十一年（一五九八）、すなわち丁酉再乱の翌年に亡くなってしまう。

思君一見意凄凄　　君に今一度会いたいと思うが、それもかなないそうにない。

去入無窮万象虚　あの世に旅立ってしまえば、すべては虚無。
惟想年年山月好　それにしても、この山にかかる月の姿はいつも素晴らしかった。
清光依旧照牛渓　清らかな月の光は昔も今もここ牛渓を照らしている。

病気見舞いに訪れた李義健《りぎけん》（号は峒隠、一五三三～一六二一）に贈った右の詩が、成渾の絶筆となった。宣祖三十一年（一五九八）六月初六日没（享年六十四歳）。親友の李珥や鄭澈は、彼より一足も二足も先に亡くなっている。病身の成渾としては、むしろ長生きしたほうであったというべきであろう。

彼の遺骸は父・成守琛《せいしゅちん》の墓（坡州向陽里）の後ろに葬られ、そこにはかねての遺言のとおり、「昌寧成渾墓」の五文字を刻んだだけの、きわめて質素な墓碣《ぼけつ》が立てられることになった。

成渾は宣祖二十年（一五八七）七月に、自らの墓誌銘を記している。それに基づいて李廷亀《りていき》が行状を撰述し、金尚憲《きんしょうけん》が神道碑を撰述した。

第三節　講和への道程《みちのり》

成渾が亡くなったのは宣祖三十一年（一五九八）の六月。奇しくも同じ年の八月に豊臣秀吉が亡くなっている。秀吉の死により戦争が終わると、今度は日本と朝鮮との国交をいかにして再開していくのかが問題となった。とりわけ、日本と朝鮮との仲介者として交易で財政を賄っている対馬にとっては、それは死活問題であった。このため、主には対馬からの働きかけにより、硬直した両国の間にも講和の気運が高まっていく。

万世必報之讎

日本軍の侵攻によって朝鮮は宗廟・社稷を焼失するに至った。当然、王朝国家としてはその罪を許すことはできなかった。しかし日本と単独で戦う余力は、当時の朝鮮には全く残されていなかったのである。

一方、豊臣秀吉の没後、日本では徳川家康が着々と権力を集中し、関ヶ原の戦い（一六〇〇）に勝利した家康は、朝鮮の宣祖三十六年（一六〇三）には征夷大将軍として江戸幕府を開くことになる。日本は家康の主導のもとで朝鮮との国交再開の道を模索することになったが、その先頭に立ったのは、当然、最も切実な利害関係を有する対馬宗氏の勢力であった。

この日本からの打診に対し、朝鮮では当然、これを断固拒否すべし、との強硬論も唱えられたが、その一方では安全保障の観点から、日本との関係改善の必要を認め、しばらくこれを「羈縻《きび》」することを認めようとするものもあった。羈縻とは牛や馬の鼻づらをつなぎとめておくこと。具体的には異民族の勢力を交易の利によって懐柔することを意味している。成渾の門人の黄慎《こうしん》なども、早くから「倭奴」との講和を推進する立場を表明している。(『秋浦先生文集』巻二、倭奴講和議［辛丑(一六〇一)七月］)。

この点において、交易の再開を望む対馬と国境の安全を願う朝鮮とは利害が一致していたのである。

姜沆の帰国

これより先、講和の雰囲気を醸成するために帰国の許しを得た姜沆《きょうこう》は、宣祖三十三年(一六〇〇)四月に伏見を立って、五月十九日に釜山に帰着。途中、対馬においては宗義智の家老である柳川調《やながわしげ》信《のぶ》の接待を受け、しきりに貿易再開のとりなしを依頼されたが、「自分はその任ではない」として軽くいなしている。その後は上京して国王に帰朝報告を済ませ、八月には郷里の霊光郡に帰ることができた。

この年には中国の「天兵」たちも朝鮮を引き揚げている。日本との講和が完全に実現したわけではなく、また日本軍の再侵の風聞も絶えず語られてはいたものの、ひとまず戦争自体は終わりを告げた。

ついで癸卯年（宣祖三十六年、一六〇三）、家康の江戸開府の年に、朝鮮からは僧侶の松雲《しょううん》（惟政、一五四四～一六一〇）が派遣されて日本の内情を探っている。その帰途に同道した対馬の橘智正《たちばなとしまさ》（井手弥六左衛門）に対し、朝鮮からは講和の条件として二つの事柄が提示された。

犯陵賊の処刑

一つは成宗の陵墓（宣陵）と中宗の陵墓（靖陵）とを暴いた「犯陵賊」を差し出せ、ということである。とはいえ、それは戦乱の最中のこと。いったい、だれが犯人であるのか、本当のところは誰にも真相はわかっていない。それでもだれかを「犯人」に仕立て上げなければ講和の交渉も進まないので、対馬のほうからは二人の「犯陵賊」を差し出してきた。

釜山における犯人の引き渡しは、朝鮮の軍隊をずらりと並べた厳粛な雰囲気のなかで行われたが、それを対馬の橘智正（井手弥六左衛門）はずっと「にやにや」しながら眺めていた（『宣祖実録』三十九年十一月丁丑条）。

二人はソウルに押送され、司僕寺に設けられた鞫庁（特別裁判所）で厳しい拷問を受ける。

そのうちの一人、「麻古沙九《まごさく》（孫作）」（年三十九）は、

――壬辰の乱の当時はずっと釜山の船着き場に滞在していたので、そもそもソウルに上ったことがない。

といって犯行を否定し、「烙刑」による拷問（焼き鏝で足をあぶる）を受けても頑として犯行を認めようとしない。もう一人の「麻多化之《またはち》（又八）」（年二十七）のほうは、そもそも朝鮮に渡ったことすらないという。いずれも対馬の当局者によって、別件逮捕で無理やり「犯陵賊」に仕立てられていたのであろう。しかし、「犯陵賊」の処罰が終わらなければ講和を先に進めることができない。朝鮮の官僚たちの意見もさまざまであったが、結局、

――対馬島主が「犯陵賊」として差し出してきたのであるから、そのまま死刑にして街上でさらし首（梟首）にせよ。

との宣祖の判決が下り、二人は異国の地で刑場の露と消えてしまった（『宣祖修正実録』三十九年十一月条）。

国書の偽造

もう一つは、まず日本のほうから徳川家康の「日本国王」名義の「国書」を差し出せ、ということである。戦争の非は日本の側にあるのであるから、まず日本のほうから「国書」で詫びを入れるのが筋、というものであろう。しかし、気位の高い日本の武士たちは、「壬辰・丁酉」の乱で必ずしも朝鮮に負けたとは考えていなかったので、自分のほうから国書を差し出して「負け」を認めることはできなかった。また、朝鮮では「朝鮮国王」との釣り合いから「日本国王」名義の国書を要

求していたが、「国王」を名乗ることは明の「皇帝」の臣下と見なされる恐れがあるため、日本のほうではこれを忌避している。徳川家康から「日本国王」名義の国書を送ることは困難であった。

そこで、対馬が小細工をして国書を偽造し、日本から詫びを入れた形にして家康からの「日本国王」名義の国書を提出した。このあたりの事情は、田代和生《たしろかずい》『書き替えられた国書』（中央公論社、一九八三年）に詳しい。

回答使の派遣

かくして丁未年（宣祖四十年、一六〇七）、日本の国書（偽書）に対する「回答使」という名目で呂《りょ》祐吉《ゆうきつ》・慶暹《けいせん》・丁好寛《ていこうかん》らが日本に派遣される。「礼は往来を尚《とうと》ぶ」（『礼記』曲礼上）。日本から詫びを入れてきたのであるから、最低限、それに対する「回答」はしなければならない、というのが「礼義之邦」をもって自任する朝鮮国の立場である。

慶暹の海槎録

正使の呂祐吉（一五六七〜一六三二）は、その兄・呂裕吉《りょゆうきつ》が成渾の門人であったが、彼本人は牛渓門下の「師友録」には載せられていない。また日本に渡ったときの使行録の類も伝わっていないが、幸い、副使の慶暹《けいせん》（一五六二〜一六二〇）が記した「海槎録」には、このときの使節の動向が詳しく記されている。

一行は釜山から対馬、壹岐、那古耶（名護屋）、藍島、赤間関（下関）、上関、鍋懸（蒲刈）、韜浦（鞆の浦）、牛窓、室津、兵庫、大坂を経て京都着。次に、東海道を東に下って江戸で徳川秀忠に国書を伝達（このとき家康は将軍職を秀忠に譲っていた）。そうして日本からの「国書」を受け取ると、復路は往路の逆をたどって釜山に着く。この間、堺では鳥銃（鉄砲）の買い付けなども行い、各地で被擄人の帰国事業（刷還）を進めている。

ところで、彼らが日本から受け取った国書には、「日本国源秀忠」とあり、「源秀忠印」が捺されていた。以前、対馬から伝えられた国書には「日本国王」の印が捺されていたが、これは上述のとおり偽書である。慶暹はこうした事情を正しく見抜きながらも特にそれを問題視してはいない。日本との通交は所詮「羈縻」の一手段。夷狄に「礼」を要求しても始まらない……とでも考えていたのであろう。国書に記す「年号」については、明の年号も日本の年号も用いず、ただ「龍集丁未」とだけ記している。これも朝鮮との間で無用な軋轢を回避するための方便である（慶暹『海槎録』六月十一日条）。

ただし「日本国源秀忠」名義の国書では「朝鮮国王」との釣り合いが取れず、またその内容は、あたかも朝鮮のほうから国交の回復を求めてきたかのような文言になっていたので、帰国後、彼らはその責任を問われている（『宣祖実録』四十年九月乙未条）。

なお、日本のほうでは朝鮮を介して明朝に「入貢」する意図もあったという。しかし、朝鮮のほうではこれを対馬の策謀とみて、あっさりと無視している（慶暹『海槎録』閏六月初七日条）。そのかわり、対馬との交易については再開する方向で話が進み、結局、光海君元年（一六〇九）にいわゆる「己酉《きゆう》約条」を結んで、対馬との交易が再開される。

壬辰・丁酉の倭乱により破綻した両国の関係も、これでようやく正常化へと向かうことができたのであった。

関王廟

壬辰・丁酉の倭乱の影響について、余談ながらもう一つのエピソードを付け加えておくことにしよう。明朝の軍隊が長らく朝鮮に駐留していたことの結果として、朝鮮の社会に明朝の習俗のいくつかが伝えられることになった。その代表的な事例の一つが「関王廟」である。これは『三国志演義』の英雄、関羽を祭る関帝廟のことであるが、「帝」では朝鮮国王より偉くなって具合が悪いので、朝鮮では一般に「関王廟」と称していた。

最初は南大門の外に建てられ（南廟）、ついで東大門の外に建てられ（東廟）、さらに近代に入って高宗がもう一つの廟（北廟）を建てている。

宣祖三十二年（一五九九）五月初八日の早朝、このときたまたまソウルに上京していた呉希文《ごきぶん》

（『瑣尾録』の著者）は、南大門の外に出向いて建てられたばかりの関王廟（南廟）を見学しているが、これは初期の記録として珍しいものであるから、少しばかり引用しておくことにしたい。

――南大門の外の関王廟に行ってこれを見学した。天将の建てたものである。屋根には青瓦を葺き、建物には青色や朱色の彩色を施して光り輝いている。左右の夾室は、このときはまだ完成していなかった。廟門を入り、〔関羽の〕塑像を仰ぎみると、金の冠、紅の上着を着け、顔は赤くて鬚が長く、ゆらゆらと腹の下にまで垂れ下がっている。……唐人のお香を焚いてお参りするものが、引きも切らないという。
（『瑣尾録』第七、己亥五月初八日）

図14　関王廟（東廟）

今日、一般に知られているのは東大門外の関王廟（東廟）。ただし、これは呉希文が見学した関王廟（南廟）ではない。なお、東廟の扁額に「聖帝廟」とあるのは、朝鮮が大韓帝国と名を改めて以降の慣例であることにも注意しておきたい。

第七章　没後の毀誉褒貶

棺を蓋《おお》いて事定まる……。しかし成渾《せいこん》の「儒賢」としての評価は必ずしもすぐに確立したわけではない。
そもそも、成渾の朝廷における出仕日数は通算すると百日にも満たないのであるが、しかしそのわずかな期間において、成渾は党争史上、いくつかの決定的に重要な出来事にかかわってきた。具体的には、
⑴　東西分党に際して李珥《りじ》を擁護したこと。
⑵　鄭澈《ていてつ》とともに崔永慶《さいえいけい》を獄死に追い込んだ張本人と目されたこと。
⑶　壬辰倭乱において講和を推進したこと。
などが、いずれも儒教知識人社会における激しい論争の種となった。かくして成渾に対する没後の毀誉褒貶は、それぞれの党派の命運をかけた譲れない論点として長く争われていくことになるのである。

第一節　党争の再燃

しばらく収まっていた東西の争いは、壬辰の乱後に性懲りもなく再燃する。宣祖三十五年（一六

〇二)、朝廷ではすでに亡くなっていた成渾に対する非難の声が高まり、彼の官爵を追奪するという決定が下された。同時に黄慎《こうしん》や呉允謙《ごいんけん》など、成渾の門人の多くが朝廷を追われることになった。

文景虎の攻撃

ことの起こりは文景虎《ぶんけいこ》(?～一六二〇)という慶尚道の在地士族がたてまつった弾劾文である。もともと慶尚道の在地士族の間では、宣祖二十二年(一五八九)の鄭汝立の獄に連累して獄中死した崔永慶――彼もまた慶尚道の在地士族の一人――に対する同情の念が強く残っていた。このため崔永慶の死の責任を鄭澈に求めた慶尚道の人々は、さらに鄭澈の盟友であった成渾にまでその批判の矛先を向ける。鄭澈と成渾とは表裏一体の関係にあり、朝廷にあって政権を握る鄭澈のことを、在野で成渾の儒学者としての名声が支えていた。したがって崔永慶を殺したのは、結局のところ、鄭澈と成渾の二人に他ならない、というのである。

文景虎は「生員」の学位をもつ慶尚道の在地士族であるが、壬辰の乱においては郭再祐《かくさいゆう》(一五五二～一六一七)のもとで義兵として活躍し、主に東人の間で高い声望を獲得していた。このころ東人の勢力は、鄭澈に対して批判的な「北人」と、やや微温的な「南人」とに分裂していたが、文景虎はそのなかでも北人の領袖格である鄭仁弘《ていじんこう》の門人であり、しかも鄭仁弘は鄭澈と成渾に対して最も強硬な立場を取っていた。

そうした鄭仁弘の意中を酌んで、門人である文景虎ら慶尚道の在地士族たちが、すでに亡くなっていた成渾を弾劾し、崔永慶の死の責任を求める集団上疏を行う。時に宣祖三十四年（一六〇一）、成渾が没してから三年目のことであった。

黄慎の反論

これに対し、成渾の門人である大司憲の黄慎（一五六二〜一六一七）は、成渾がむしろ崔永慶に対して同情的であったことを強調する（『秋浦先生集』巻一、都憲引避啓）。なるほど、崔永慶は読書をせず、見識が足りないなどの欠点はあるが、家庭内では親孝行で兄弟思い。気骨のある人物で、決して謀反人になるような人ではない……、というのが成渾の崔永慶に対する評価であり、このため成渾は鄭澈に働きかけて、極力、崔永慶を救おうとしていた、というのである。

いったい、どちらの言い分が正しいのであろうか。もとより、真相を伺うすべはないのである。しかし、党争史の文脈のなかでは、そもそも「真実」などはどうでもよい。北人勢力にとっては鄭澈や成渾を攻撃するための口実となるものがあれば、それで充分なのであった。

追奪官爵

こうなると、成渾の立場はますます危うくなる。

宣祖三十五年（一六〇二）七月、宣祖は西人家門出身の仁穆《じんぼく》王后金氏（金悌男の女《むすめ》）を継室として迎えた。これは二年前に亡くなった懿仁王后朴氏の後釜で、宮中では依然として西人が勢力を保っていたのである。しかし、かねてから西人の勢力に不満を抱いている宣祖は、このころ西人とは距離を置いて、逆に北人の勢力（北人は東人の一分派）を登用することで西人の勢力を牽制しようと考えるようになっていた。

そこで宣祖は北人による成渾の弾劾をあっさりと受け入れ、同じく宣祖三十五年（一六〇二）に、すでに亡くなっていた成渾に対して「追奪官爵」の処分を下している（『宣祖実録』三十五年二月壬午条）。かつて「李珥・成渾の仲間になりたい（願入於珥渾之党）」とまで公言していた宣祖であったが、いまやその面影はなかった。

かくして崔永慶の獄事に関わった西人の人々は、北人の言論攻撃によってその過去を蒸し返され、その多くが政界から追放されていった。たとえば、恩師である成渾を擁護した黄慎は「師に阿《おもね》る」ものとして宣祖の叱責を受け、大司憲の職を更迭されている（その後任が鄭仁弘）。その後、黄慎自身は官界に復帰したものの、恩師である成渾の名は、そのまま「罪籍」に残ることになった。

光海君の即位

宣祖四十一年（一六〇八）二月初一日、壬辰・丁酉の倭乱をしのいでなんとか国運をつないだ宣祖が他界する（享年五十七歳）。その廟号は最初は宣宗といい、後に宣祖と改められた。中国古代の周王朝において中興の王とされる宣王の例にならい、廟号を「宣」と定めたのであろう。

その跡を継いで即位したのは王世子の光海君――壬辰倭乱に際して「分朝」を開き、官軍・義兵たちの抗戦を指揮したあの光海君である。しかし、もともとは宣祖の庶子であり、しかも同母兄の臨海君を差し置いて王世子に立てられたために、明朝のほうではなかなか王世子としての冊立を承認してくれなかった。しかも、宣祖とその後添えである仁穆王后金氏との間には、宣祖三十九年（一六〇六）に待望の嫡男である永昌大君が生まれており、名分からいうとこちらのほうが嫡長子となる。内心、光海君を疎ましく思っていた宣祖は、いっそ光海君を廃して嫡長子である永昌大君のほうを王世子に立てたいとまで考えるようになった。

このため領議政の柳永慶（小北）などは、さっそく宣祖の意を迎えて王世子の廃立を画策している。逆に鄭仁弘、李爾瞻《りじせん》、李慶全などの北人勢力（大北）は名分論の立場から、いったん冊立された光海君の王世子としての地位を断固として保全することを主張したが、図星をさされた宣祖はこれを根も葉もない「凶論」であるといって逆切れし、鄭仁弘、李爾瞻、李慶全らに「遠竄」を命じて彼らを政界から追放してしまう。光海君の世継ぎとしての地位は極めて危ういものとなった。

しかし光海君にとっては幸いなことに、宣祖は王世子の廃立に着手する暇もなく、宣祖四十一年（一六〇八）に享年五十七歳で亡くなってしまったのであった。

申応榘の上疏

新王の即位に際しては、通例、恩赦が発布され、罪人たちにも更生の機会が与えられる。そこで長らく「罪籍」に置かれていた成渾の名誉を回復すべく、広州牧使の申応榘《しんおうく》という人が長文の上疏文を提出した。

しかし即位当初で、「庶子」としての弱点を抱えている光海君には、父王・宣祖の下した処分を覆すだけの力量はなかった。このため光海君は「三年の喪の期間中は先王の下した処分を覆すことはできない」ということを口実として、成渾の名誉回復の訴えを退けている。同じ年、鄭澈の息子の鄭宗溟《ていそうめい》もまた亡父の名誉の回復を願い出ているが、これについても「先王の処分は覆せない」ということを口実として、その申請はあっさりと却下されてしまった。

郭再祐の上疏

申応榘の上疏に刺激された北人は、成渾への攻撃をかえって加速させていった。

光海君二年（一六一〇）、郭再祐《かくさいゆう》は辞職願を兼ねて「時弊」を論じる上疏を行っているが、そのなかで成渾のことにも言及し、世人の言を引用するという形で間接的にではあるが、成渾を「党奸負君」、「謀殺処士」の罪人として指弾している。

このうち、「党奸」とは鄭澈に組したこと。「負君」とは宣祖を見捨てたこと。そうして「謀殺処

図15　郭再祐銅像（大邱、忘憂堂公園）

士」とは崔永慶を死に追いやったことに他ならない。このように罪を重ねた「奸人」のことを「儒賢」と称することはできない、というのである（『亡憂集』巻二、疏、陳時弊請去疏、庚戌九月）。

郭再祐は慶尚道の在地士族であり、しかも彼の妻は曹植（南冥）の外孫であった。このため郭再祐も また、おのずと北人の輿論に引き込まれていったのであろう。

丁巳の回答使

北人と西人とが勢力争いを繰り広げている間に、朝鮮から日本に対して二度目の「回答使」が派遣された。この間、日本では大坂冬の陣、夏の陣を経て豊臣氏が滅亡し、家康は秀忠に位を譲って徳川の支配を盤石なものとしていた。しかし、朝鮮との「通信」の関係（正式の国交）は依然として途絶している。そこで、秀忠の就位の機会に朝鮮に「通信使」の派遣を求めることにしたのである。

しかしながら、朝鮮のほうでは「通信使」の派遣については依然として反対の輿論がつよい。このため、ひとまず日本からの国書に対する答礼を行い、かつは日本に残留している数多くの被擄人を「刷還《さつかん》」することを目的として「回答使」が派遣されることになった。これが丁巳《ていし》年、すなわち光海君九年（一六一七）のことで、刷還とは掃き集めて送還すること。このむつかしい使命に当たったのが、成渾の門人の呉允謙《ごいんけん》で、彼は『瑣尾録』の撰者である呉希文《ごきぶん》の息子としても知られている。このころは主として北人が政権を握っていたから、「倭人」相手の面倒な仕事は敵対する西人の呉允謙に押し付けたわけであろう。

釜山から対馬、壹岐、名護屋、藍島、赤間関、上関、鞆の浦、牛窓、室津、兵庫、大坂を経由して京都に到着。京都では大徳寺に宿泊した。そこから伏見城に出向き、徳川秀忠に対面して国書を伝達。無事、日本からの回答の国書を受け取り、復路は往路の逆をたどって釜山に着く（『海行摠載』所収「呉楸灘東槎上日録」）。

前回、宣祖朝の「回答使」は日本で鳥銃（鉄砲）の買い付け等の交易活動をおこない、すこぶる評判を落とした。それに対して呉允謙のほうは、日本からの贈り物はすべて対馬にとどめ、本国には一切なにも持ち帰らなかった。ユズの実を一つ手にしていたが、それも釜山にわたるときに海中に投げ捨ててきたという（楸灘先生年譜）。

日本からの回答の国書には、「日本国源秀忠」とあって「王」の字がない。これについて問いただしたところ、「丁未年（一六〇七）の国書にも「王」の字はなかったので、その前例に従ったまで」という。呉允謙は、「王」の字がなければわがほうの「朝鮮国王」と釣り合いが取れない。ぜひ「王」の字を加えるべきである、という。そのほか、「領納」の「納」字、「賀弊邦」の「賀」字、「旧盟」の「盟」字なども、朝鮮を格下にみなすニュアンスがあるので改めてほしい、と要求する（「東槎上日録」九月初五日条）。これらは間に立った対馬が、勝手に書き改めて朝鮮に渡す。いわゆる「柳川一件」が発覚するまで、対馬は日朝双方に都合のよいように勝手に「国書」の文言を書き換えていたのである。

ともあれ、「国書」の伝達と受領を果たした呉允謙は、そのゆく先々で朝鮮の「被擄人《ひろじん》」を探し出し、彼らの帰国の手続きを取ったが、なかには「汚染」されて「本心」を失い、そのまま日本にとどまることを希望するものも少なくはなかったという（九月十五日条）。

往路、上関での船中泊の一夜に、呉允謙は不思議な夢を見た。枕元に親友の黄慎が立って、非常にやつれた顔をしている。その手を握った呉允謙が、「いったいどうしたのだ」、と問いかけたところ、黄慎は、

――私がまだ生きていると思っているのか。

と悲しげに答えた、という（八月十一日条）。

これより先、黄慎は党争の余波で「中道付処」の処分を受け、黄海道の甕津の地に追放されてい

たが、四年後の光海君九年（一六一七）に配所で亡くなっていた（享年五十六歳）。その訃報を受け取った光海君は、ただちに彼の復官を許している。

第二節　仁祖反正

庶子の立場で王位についた光海君は、義理の母親である仁穆王后（金氏、宣祖継妃）とは気まずいなかであった。しかも、彼女は宣祖の嫡長子である永昌大君を生んでおり、名分の上では永昌大君のほうが嫡長子として王位に即くべきであった。このため、北人政権は光海君の権力基盤を固め、かつは仁穆王后による政治干渉を封殺するために、いわゆる「廃母」を決行し、彼女の王大妃（国王の母）としての位と名誉とを取り上げたうえで、彼女を「西宮（今の徳寿宮）」に幽閉してしまう。しかし、どんなに頑固な母親であっても、舜はそれにじっとたえて孝行を尽くしたではないか。西人系の知識人たちは「廃母」の不当を鳴らしてひそかに反撃を企て、仁祖を擁立して光海君を廃位してしまった。いわゆる「癸亥《きがい》反正（仁祖反正）」である。

成渾と鄭澈の名誉回復

かくして西人が政権を掌握すると、まず仁祖元年（一六二三）に成渾の官爵が追復され（『仁祖実録』元年三月条）、翌仁祖二年（一六二四）には鄭澈の官爵が追復される（『仁祖実録』二年五月壬午条）。このとき、鄭汝立《ていじょりつ》の獄で犠牲となった李潑《りはつ》ら東人についても職牒の還給（名誉回復）が行われているのは（『仁祖実録』二年七月乙卯条）、いわば「両釈（痛み分け）」によって東西の争いの解消を図ったもので、それは当時の首相（領相）であった李元翼《りげんよく》（南人、一五四七〜一六三四）の提案によるといわれている（『梧里先生続集』附録、行状）。仁祖反正以降の政局は、西人と南人との一種の「連立」によって成り立っていたのである。

ともあれ、長い雌伏のすえに、ようやく成渾の名誉は回復された。そこで門弟たちは、この機会にかねてから計画していた書院の再建に取り組み、仁祖六年（一六二八）に至ってようやく坡山書院が完成する。

坡山書院

これより先、宣祖元年（一五六八）に牛渓のほとりに成渾の父・成守琛（聴松）を祀る書院が創建された。李珥（栗谷）の呼びかけを受けて在地の士族たちが建立した坡州書院がそれで、これが坡山書院の前身となる。しかしこの書院は壬辰の乱でいったん焼失してしまった。そこで、光海君三年（一六一一）に再建に着手したが竣工に至らず、このため在地の士族たちは新たに成守琛（聴松）、成渾（牛渓）、白仁傑（休庵）、李珥（栗谷）の四人を祀る書院を別の場所（今は李珥を祀っている紫雲書院の地）に再建しようとした。その講堂である察倫堂の上梁文を起草したのは成渾の門人で、日本から帰国した「被擄人」でもあった姜沆《きょうこう》である（『睡隠集』巻二）。

しかし、白仁傑（休庵）と李珥（栗谷）の二人の位牌のうち、どちらを上位に祀るかで士族たちの意見が分かれてこの計画はお流れとなり、結局、もともとの牛渓のほとりに改めて成守琛（聴松）、成渾（牛渓）の二人を祀る書院を再建することになった。

かくして坡山書院は仁祖六年（一六二八）に再建され、翌仁祖七年（一六二九）には、成渾に「大匡輔国崇禄大夫・議政府左議政・兼領経筵・監春秋館事・世子傅」というものものしい官職が追贈された。生前、ほとんど数えるほどの日月しか出仕することのなかった成渾が、没後に朝廷の最高級の位を贈られることになったのである。

その後、孝宗元年（一六五〇）には朝廷公認の「賜額書院」となる。これが今日の坡山書院の略歴である。

第三節　門人たちのその後

成渾はすでに亡くなっているが、もう少し彼の門人たちの足跡をたどっておきたい。

このころ山海関を挟んで明朝と対峙していた後金国は、明朝の厳しい貿易封鎖によって経済的に追い込まれていた。その後金国にとっては朝鮮こそが格好の補給路となる。そこで丁卯年（朝鮮仁祖五年、一六二七）、後金は朝鮮に軍を進めたが、この時は朝鮮国王がいち早く「去邠《きょひん》」の計を立てて江華島に逃げ込んだために征服することができなかった。そこで後金と朝鮮とはひとまず「兄弟」の関係で和議を結ぶ。もとより後金が兄、朝鮮が弟、という建前である。

しかし朝鮮の「斥和派《せきわは》」の人々は後金の使者を「犬豕《けんし》」と蔑み、これに激しく反発する。なかでも成渾の女婿である尹煌《いんこう》（一五七一～一六三九）などは、

――今日の講和は、名目上は講和であるが、その実は降伏である。（『八松封事』斥和疏［丁卯二月十五日］、司諫時）

などと本当のことを言ったために国王仁祖の怒りを買い、あやうく削職のうえ付処（近地への流配）の処分が下されそうになった。もっとも、このときは台諫（司憲府・司諫院）の官員たちが弁護してくれたおかげで、ひとまず尹煌への処分は取り消しとなった。

丙子胡乱

その後、後金のホンタイジ（太宗）はモンゴルから元朝の「伝国之璽」を獲得する。これにより、天命を受けたと称して「皇帝」の位に即き、「天下を有《たも》つの号（有天下之号）」を定めて「大清」と称する。このとき「兄弟」である朝鮮国に対しても、皇帝への「推戴」の意思を示すようにと事前に使者が送られてきた。要は大清皇帝の「天下」に加わり、大清の属国になれ、というのである。

しかし朝鮮にとっての皇帝とは、壬辰の乱で「再造の恩」、すなわち瀕死の状態から生き返らせてくれた大恩のある明朝の皇帝のみ。夷狄の「僭号《せんごう》」を認めるわけにはいかないので、例によって斥和派の人々がいっせいに反対の声をあげ、後金からの使者を追い返してしまう。たまたま後金に派遣されていた朝鮮の使臣は、清朝皇帝の即位儀礼に参列を強要されたものの、あくまでも拝礼を拒み、清朝皇帝から朝鮮国王にあてた「詔書」も帰国の途中で捨ててしまった。以後、両国は事実上の断交状態に入る。国内の強硬な輿論により外交の選択肢を狭められた国王仁祖は、結局、「僭号」の承認を拒否し、清朝に平和裏に服属する機会を失ってしまった。

これに対し、清の太宗（ホンタイジ）は「皇帝」としての示しをつけるために、自ら朝鮮国に遠征することになる。丙子年（一六三六）の十二月、西暦ではすでに年が改まった一六三七年の一月のことであった。

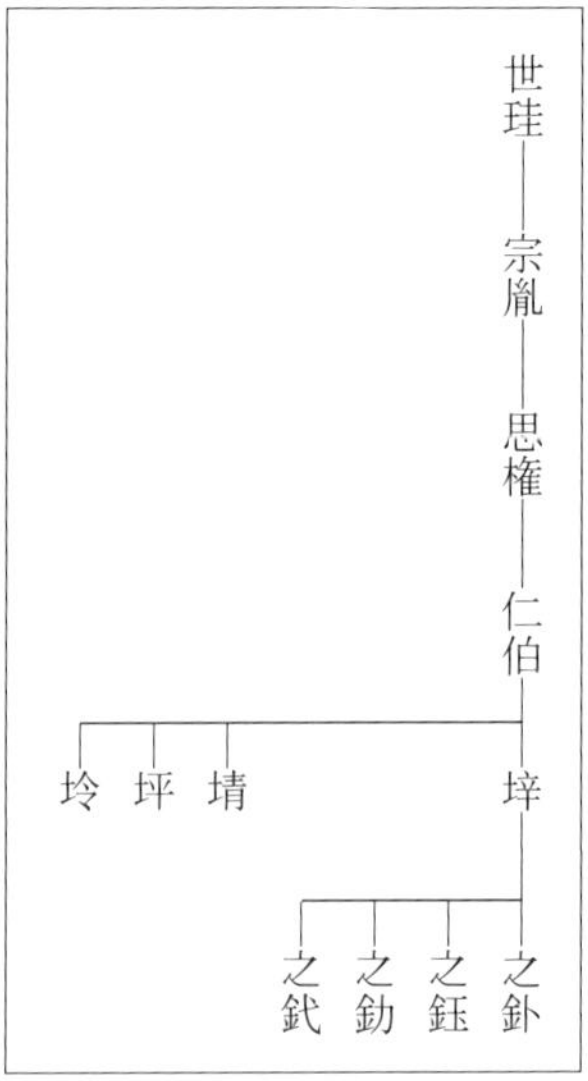

驪興閔氏系図

江華島の陥落

このとき、王妃・王世子らは国王より一足先に江華島に逃げ込んでいたが、守備をまかされた金慶徴《きんけいちょう》（反正の功臣である金瑬《きんりゅう》の子）らの防衛体制は全くたるみきっており、かつてモンゴルの侵寇をも退けた江華島は、防禦の隙を突かれてあっさりと陥落する。このとき、多くの士人が俘虜の辱めを嫌って殉節したが、そのなかには成渾の門人である閔仁伯《びんじんはく》の子孫たち十三人が、一家そろって自決するという凄惨な一幕もあった（『宋子大全』閔仁伯行状、閔龍岩埣伝）。

またもう一人、この江華島で大きく運命を狂わせたのが尹宣挙《いんせんきょ》（一六一〇～一六六九）である。彼は前述の尹煌の息子で、すなわち成渾の外孫に当たる。後金から皇帝推戴の打診があったとき、彼は同窓の太学生を率いて反対の上疏を行い、斥和派として大いにその令名を高めていた。その後、家族を連れて江華島に避難した尹宣挙は、仲間たちとともに義勇軍を組織し、決死の覚悟で防衛にあたっていたが、その甲斐もなく、江華島の防衛ラインはあっさりと崩されてしまう。その際、尹宣挙の仲間たちは彼より一足先に自決し、さらに尹宣挙の妻（李長白の女）もまた幼い息子（尹拯）

の目の前で自決してしまった。そこで尹宣挙もまたかねての約束どおり仲間たちの跡を追って自決しようとしたが、いざとなると死に切ることができず、避難民の波に紛れ込んでそのまま郷里の尼山（今の忠清南道論山市魯城面）へと落ち延びていった（『我我録』丙子事略）。

南漢山城の陥落

一方、逃げ遅れた仁祖は漢江の南の南漢山城に逃げ込み、しばらくは籠城して持ちこたえたものの、清朝の圧倒的な軍事力の前に抵抗をあきらめ、ついに漢江の南岸の三田渡において清朝皇帝のホンタイジ（太宗）に屈服した。

このとき清朝は降伏の証しとして、いわゆる斥和派の人々の引き渡しを要求する。これにより、まず尹集《いんしゅう》・呉達済《ごたつせい》の二人、次いで洪翼漢《こうよくかん》の、いわゆる「三学士」が瀋陽に連行され、それぞれ苦難の末に殉節した（宋時烈「三学士伝」）。

一方、成渾の女婿である尹煌もまた自首して連行を願い出たが、彼は老齢のため連行は免れ、削職のうえ忠清道の永同県に編配される（『八松先生年譜』）。配所の永同県は、忠清道の山あいの町。彼の郷里である尼山ともそれほど遠くは離れていない。その年の冬には早くも釈放されたが、あえて郷里には帰らず、いったん隣の錦山郡に身を寄せたのち、翌年秋になってはじめて郷里の尼山に帰り、その後は清朝に追随する朝廷の姿勢を嘆きながら仁祖十七年（一六三九）に最期を迎えた（享年六十九歳)。

一方、その息子の尹宣挙は、前述のとおり江華島から郷里の尼山に逃げ帰ってきたが、その後は親友たちや妻の死に対する負い目からか、生涯、隠士として過ごすことになった。そうした彼の生きざまに対する評価の問題は、彼の同門の友であった宋時烈《そうじれつ》と、その門弟であり、かつ尹宣挙の息子でもある尹拯《いんじょう》との間に感情的なもつれを生み、やがては西人勢力を老論《ろうろん》(宋時烈派)と少論《しょうろん》(尹拯派)とに二分する対立をもたらすことになった。このため、成渾の子孫のなかには、彼の外孫である尹宣挙とその息子・尹拯との関係から、「少論」に属するものも少なくない。成渾の玄孫である成至善《せいしぜん》(一六三六〜一六九三)などが、その代表といえよう。

第八章　文廟従祀への道程

成渾《せいこん》を祀る坡山書院《はさんしょいん》が朝廷公認の賜額書院となったことは、成渾の「儒賢」としての名誉を揺るぎのないものとした。しかし、それ以上に重要なことは、彼が孔子を祀る文廟（孔子廟）に従祀されたという事実である。事柄の順序としてはいささか逆になってしまったが、最後に彼が文廟に従祀されるまでのいきさつと、その後の文廟従祀の展開について概観しておきたい。

ソウルの文廟は朝鮮太祖七年（一三九八）七月に竣工したが、その後、宣祖二十五年（一五九二）の壬辰倭乱によって焼失した。そうして新たな文廟は、宣祖三十四年（一六〇一）八月よりその再建に着手し、翌三十五年（一六〇二）七月に竣工した。次いで宣祖三十六年（一六〇三）七月より東西廡の再建に着手し、こちらは翌三十七年（一六〇四）八月に竣工する。そうして宣祖三十八年（一六〇五）二月には門墻などの再建もすべて終わり、工事関係者にそれぞれ褒賞が行われた（『宣祖実録』三十八年二月庚午条）。

その後、成渾はこの文廟に従祀されることになる。しかし、そこに至るまでには例によって党争がらみの激しい毀誉褒貶が繰り返されなければならなかった。

第一節　鄭夢周と五賢の従祀

文廟の正殿である大成殿《たいせいでん》には孔子が祀られているが、その前庭を囲む東西の建物（東西廡）には、儒教の発展に貢献した中国の歴代の儒学者たちが、あたかも孔子に付き従うかのようにして併せ祀られている。これがいわゆる文廟従祀であるが、その対象者については、歴史上いささか煩雑な変遷がある。

ひとくちに儒教といっても、それは漢唐の訓詁の学から宋代の朱子学、明代の陽明学など、さまざまな思想的発展を経ており、それにともなって従祀の対象者も変わっていった。そのうち、中国における従祀の変遷について論じることは、もとより筆者の能力の及ぶところではない。ただ朝鮮時代における朝鮮の儒賢の従祀についてみると、初期には高麗時代の制度を受けて薛聡《せっそう》・崔致遠《さいちえん》・安珦《あんきょう》の三人が文廟に従祀されていた。

薛聡、崔致遠、安珦

このうち、薛聡と崔致遠とは新羅の人。薛聡は吏読《りとう》――漢文訓読における朝鮮式の送り仮名――の考案者として、崔致遠は中国にも広く知られた『桂苑筆耕集』の撰者として、それぞれ文廟に従祀されていた。もう一人の安珦――その後、朝鮮文宗の諱「珦」を避けて安裕《あんゆう》とも呼ばれるようになる――は、高麗の事元期（モンゴルに服属していた時代）の人であるが、彼は私財を投じて高麗の国学（国子監）を復興させたことから、その功績をたたえる意味で文廟に従祀されていた。

表2　文廟従祀（朝鮮初期）

西廊（西上北向）		
安珦	崔致遠	薛聡

ただし、彼らは中国の儒学者たちの末席に、いわば「おまけ」のようにして祀られていたにすぎない。具体的には、彼らは文廟の西廊の末席（おそらくは西南の角）に、三人並べて北向きに祀られていたのである（『世宗実録』五礼、吉礼序例、神位）。

鄭夢周の従祀（中宗朝）

朝鮮王朝は朱子学をその国家イデオロギーとして奉じていたが、なかでも高麗末から朝鮮初期にかけては経学専尚の時代であり、旧来の詞章の学（詩や賦の創作）は、どちらかというと軽視されていた。その後、世宗朝に入ると折からの詩学復興の流れを受けて、李斉賢《りせいけん》・李穡《りしょく》・権近《けんきん》の三人（いずれも詞章の大家）を文廟に従祀しようとする声もあったが、それは実現には至らなかった（『世宗実録』十八年五月丁丑条）。

その後、中宗朝に至ると再び経学が勢いを盛り返し、趙光祖らの主導する士林派の輿論の後押しによって、まず鄭夢周《ていぼうしゅう》の従祀が実現する。これが朝鮮時代に入ってからの最初の文廟従祀となる。

鄭夢周（一三三七〜一三九二）は高麗末の文臣。彼は威化島回軍の後、革命を推進する李成桂《りせいけい》（後の朝鮮太祖）の一派と対立し、李芳遠《りほうえん》（後の朝鮮太宗）の手のものによって開城の善竹橋で暗殺された。もとより高麗からいえば忠義の人であるが、朝鮮王朝の立場からすると、いささか扱いのむつかしい人物である。それでも朱子学を国是とする朝鮮王朝としては、高麗末において朱子学の東伝に貢献し、「東方理学の祖」とまでたたえられた鄭夢周を文廟従祀の列に加えないわけにはいかない。このため、儒教知識人の勢力（いわゆる士林派）の政界進出が進み、専制王権による知識人への弾圧がしだいに薄らいでいった中宗朝において、まず鄭夢周の文廟従祀が実現する（中宗十二年、一五一七）。

ただし、士林派の人々の真の目的は、鄭夢周ではなく金宏弼《きんこうひつ》の文廟従祀を実現することにおかれていた。金宏弼（一四五四～一五〇四）は、このころ勢力を伸長しつつあった士林派の領袖・趙光《ちょうこう》祖《そ》（一四八二～一五一九）にとっての師匠にあたる。そこで彼らは自分たちの勢力基盤を固めるために、まず鄭夢周を引き合いに出してその文廟従祀を実現させ、それに便乗して金宏弼の文廟従祀をも実現させようとしたのである（『中宗実録』十二年八月庚戌条）。しかし、このときはまだ輿論が熟していなかったために、結局、金宏弼の文廟従祀は実現せず、鄭夢周のみの従祀となった。そうしてその二年後にいわゆる己卯士禍《きぼうしか》が起こり（中宗十四年、一五一九）、趙光祖に賜死の処分が下って士林派の勢力が失墜すると、趙光祖の師である金宏弼の文廟従祀もしばらくはお預けとなってしまった。

これより先、薛聡・崔致遠・安珦の三人が西廊の末席に祀られていたことは上述のとおりであるが、そこへ新たに鄭夢周が加わったことで、東西廡の位牌の配列が改定され、東廡には薛聡と安珦（安裕）、西廡には崔致遠と鄭夢周がそれぞれ祀られることになった。これが中宗十二年（一五一七）

表3　配享位(中宗12年、1517)

西廡	東廡
②崔致遠	①薛聡
④鄭夢周	③安裕

のことである。

国朝儒先録の編纂（宣祖朝）

己卯士禍で一敗地にまみれた士林派の勢力は、当面は在野において「古礼」の実践に励んでいたが、その後、知識人社会の輿論の後押しを受けて、少しずつ政界に返り咲いていった。仁宗・明宗の跡を受けて傍系から即位した宣祖《せんそ》の時代には、とりわけ士林派の政界進出が活発となり、そうした雰囲気のなかで、成渾などの「遺逸」が盛んに朝廷に登用されるようになった。

宣祖三年（一五七〇）、国王は経筵の儒臣たちに命じて『国朝儒先録』を編纂させた。これは朱子の『伊洛淵源録』にならって金宏弼・鄭汝昌《ていじょしょう》・趙光祖の三人、および李彦迪《りげんてき》の文章を分類・収集したもので、彼らはこの当時の朝鮮朱子学――とりわけ「小学」の学習を重んじ、日常道徳の実践を通して「古礼」の復興を主張する学派――の代表とみなされていた。この書が御覧に進呈されると、宣祖はこれを校書館に下して国内に印布させたが、それは「道徳」による統治の実践を求める士林派の輿論と歩みを一にするものであった（李後白「儒先録序」）。

ただし、朝鮮朱子学を確立させた李滉《りこう》（退渓）は、このときはまだ存命であったために、彼の文章は『国朝儒先録』には収められていない。李滉が亡くなったのは、まさしく『国朝儒先録』の刊行と同年の宣祖三年（一五七〇）十二月のことであった。

五賢従祀の要請

こうした趨勢のなかで、かつてお預けとなっていた金宏弼の文廟従祀についても、それを一層バージョンアップした形で実現させようとする輿論が盛り上がっていく。いわゆる「五賢従祀」の議論である。

これより先、宣祖元年（一五六八）には館学儒生の趙憲《ちょうけん》らが金宏弼（寒暄堂）、鄭汝昌（一蠹）、趙光祖（静庵）、李彦迪（晦斎）の文廟従祀を願い出ていたが、その後、李滉が亡くなると、儒生たちは李滉を加えた「五賢」の文廟従祀を毎年のように繰り返し請願した。

たとえば宣祖十六年（一五八三）、いわゆる癸未《きび》三竄《さんざん》の年においても、太学の儒生たちは連名して「五賢」の文廟従祀を願い出ている。その起草者は成渾の門人のひとり、このとき数え二十五歳の呉允謙《ごいんけん》であった（楸灘先生年譜）。

その後、壬辰倭乱によって一旦焼失した文廟を再建したときにも、東西廡の再建に合わせて五賢従祀を実現させようとする儒教知識人たちの輿論が盛り上がりを示している。しかし肝心の宣祖は、終始一貫、五賢従祀には慎重な姿勢を崩さなかった。

いわゆる五賢のうち、金宏弼（寒暄堂）、鄭汝昌（一蠹）、趙光祖（静庵）の三人については特に異

図16　玉山書院（李彦迪を祀る）

論はない。趙光祖は己卯士禍の犠牲となった士林派のシンボルであり、金宏弼（一四五四～一五〇四）と鄭汝昌（一四五〇～一五〇四）の二人はその学統の源流である。東西分党以前の儒賢である彼らの文廟従祀については、東人であれ西人であれ、すべての儒教知識人たちがこぞって賛同していたのである。

ただし、李彦迪（晦斎）、李滉（退渓）の二人については、当時はその評価が必ずしも固まっていたわけではない。このうち李彦迪（一四九一～一五五三）については、『求仁録』などの著作――日本でもよく読まれていた――に対する評価は一致していたものの、明宗朝における進退出処については権臣にこびるかのような振る舞いもあってその評価が一定していない。李滉は李彦迪の学問を高く評価していたが、宣祖はこれを「ほめすぎだ（過為推尊）」といって批判している（『宣祖実録』三十七年三月癸酉条）。

また李滉（一五〇一～一五七〇）については、東人の分派である北人と南人のうち、特に南人の人々からは尊崇を集めていたが、逆に曹植《そうしょく》（一五〇一～一五七二）を尊崇する北人の人々からは疑いの目で見られていた。生前、李滉が曹植の学問にケチをつけた、というのがその理由である。このため宣祖は終始一貫「保留」の立場を崩さなかった。その背景には文廟従祀の輿論を主導しながらも、互いに反目しあっている儒教知識人たちへの警戒と反発の思いがあったのであろう。

五賢従祀の実現（光海朝）

五賢従祀の議論に終始ブレーキをかけていた宣祖が亡くなると、その跡を継いで即位した光海君《こうかいくん》は、割合あっさりと五賢の文廟従祀を認め、光海君二年（一六一〇）九月初四日に教書を頒布して彼らを全国の文廟の東西廡に併せ祀った。もとより知識人社会に対する輿論工作の一環であり、その背後には、特に李滉を尊崇する南人勢力の要請があったことも間違いない。

ただし、北人の領袖である鄭仁弘《ていじんこう》（一五三五～一六二三）は、五賢のうちの李滉の従祀には強く反発した。彼は自らの師である曹植について、李滉が「老荘の思想に崇《たた》られている（老荘為崇）」、「学問の底が浅い（学不深邃）」などといってその学問にケチをつけていたことに我慢がならなかったのである。とはいえ、それは鄭仁弘の個人的な感情論にすぎず、光海君は彼の反対上疏を「留中」して握りつぶしてしまう（留中とは宮中にとどめて施行させないこと）。このため、さすがの鄭仁弘も儒教知識人たちの一致した輿論を押し返すことはできなかった。

一般に光海君の時代は北人政権の時代とされているが、北人のなかにも大北・小北などの分派があり、必ずしも一枚岩になっていたわけではない。そのうえ北人以外にも、朝廷内には西人と南人の勢力が一定程度存在している。そうした知識人社会の輿論をまとめ上げていくためには、最大公約数として、やはり「五賢」の権威が必要とされていたのであろう。

なお、金宏弼と鄭汝昌とでは鄭汝昌のほうが年長であるが、学問的には金宏弼のほうが格上とみなされ、金宏弼が東廡に、鄭汝昌が西廡に祀られている。

表4　配享位(光海君2年、1610)

西廡	東廡
②崔致遠	①薛聡
④鄭夢周	③安裕
⑥鄭汝昌	⑤金宏弼
⑧李彦迪	⑦趙光祖
	⑨李滉

上述のとおり、士林派の人々が本当に文廟に従祀したかったのは趙光祖の師である金宏弼のほうであった。しかし、金宏弼には「理学」に関する具体的な著述がない。このため、金宏弼と学的交流が深く、かつ理学に関する著述も残している鄭汝昌と彼をセットにし、彼らを李彦迪や李滉の学問の源流に位置付けることによって、はじめて金宏弼と鄭汝昌の従祀が実現する。そうしてそれが、金宏弼の門人である趙光祖の従祀をも実現させることになったのであった。

第二節　李珥・成渾の従祀

五賢についで文廟従祀の列に加えられたのが李珥《りじ》・成渾《せいこん》の二人。二人の交わした「理気論争」の往復書簡は別本『東文選』にも収録され、広く中国にまで知られていた。朱子学を国是とする朝鮮王朝において、彼らが文廟従祀の列に加わったことは、少なくとも西人の立場から見れば当然のこと。しかし、その実現は容易ではなかった。

両賢従祀の要請

これより先、仁祖元年（一六二三）に成渾の名誉が回復され、ついで仁祖十一年（一六三三）には成渾に文簡という諡《おくりな》が与えられた。文廟従祀の条件はしだいに整っていく。かくして仁祖十三年（一六三五）には、館学儒生たちが一斉に李珥と成渾との文廟従祀を願い出るに至った。

とはいえ、この「両賢」の評価については、南人系の知識人たちが依然として疑念を抱いている。彼らは西人政権と連立する形で部分的ながらも政権に参与していたため、二人の文廟従祀はなかなか実現を見ない。かくして仁祖朝に始まった「両賢」の文廟従祀の請願は、仁祖、孝宗、顕宗の三朝、約五十年にわたってたびたび提起されたものの、いずれも裁可されるには至らなかった。

続く粛宗の初年は南人が勢力を伸ばした時期で、このため、南人の一部からは鄭汝立《ていじょりつ》の獄の是非を蒸し返し、鄭澈《ていてつ》の官職の追奪を求める上疏などが行われている。要は西人に対する当てこすりである。鄭澈への処分は実現には至らなかったものの、李珥・成渾への風当たりは強まるばかり。とても文廟従祀が実現するような雰囲気ではない。

その後、粛宗八年（一六八二）に至ってついに「両賢」の文廟従祀が実現し、しかも十五年（一六八九）には従祀の取り消し（黜享）、二十年（一六九四）には従祀の復活（復享）、というふうに事態が二転三転したことは、それぞれ当時の党争の推移と密接にかかわっていた。

庚申換局

粛宗は父・顕宗の跡を継いで数え十四歳で即位したが、病弱のため、長らく男子に恵まれなかった。このため王位の継承をうかがう宗室の勢力――福昌君・福善君・福平君の、いわゆる「三福」――が跋扈し、しかもこれに南人の勢力が結びついて、西人の勢力を一気に朝廷から追い落とそうとたくらんでいた。そこで、粛宗と示し合わせた西人の勢力が先手をうって「三福」を退け、同時に「南人」の勢力をも失脚させた。これが粛宗六年（一六八〇）の、いわゆる庚申換局《こうしんかんきょく》である。

この機会に権力の独占を図った西人の勢力は、自分たちの学問の源泉である李珥・成渾を文廟に従祀することで、さらに権力基盤の拡充を図ろうとした。粛宗七年（一六八一）、館学八道儒生の李《り》延普《えんふ》等五百余人（西人）の上疏を受けて、ついに李珥・成渾の文廟従祀が認められる。一方、これに反対した儒生朴性義《ぼくせいぎ》（南人）らの上疏は退けられ、疏頭の朴性義は「停挙」、すなわち科挙受験資格停止の処分を受けた。

かくして粛宗八年（一六八二）五月二十日には、李珥・成渾の文廟従祀の式典が厳かに挙行される。ちなみに、このときの二人の配置は李珥が西廡で成渾が東廡。その後の配置とは異なっているが、その理由についてはもう少し後のところで述べることにしよう。

このときの二人の文廟従祀は、庚申換局による勢力図の変化に便乗したもので、必ずしも知識人社会の一致した輿論に基づくものとは言えなかった。事実、地方の郷校では李珥・成渾の従祀に反対する守令たちが儀式をサボタージュする事例も見られたという（『粛宗実録』八年五月戊辰条）。このため、その後の勢力図の変化により、二人の文廟従祀も一時的に取り消されることになったのである。

表５　文廟従祀（粛宗８年、1682）

西廡	東廡
②崔致遠	①薛聡
④鄭夢周	③安裕
⑥鄭汝昌	⑤金宏弼
⑧李彦迪	⑦趙光祖
⑩李珥	⑨李滉
	⑪成渾

己巳士禍

粛宗十四年（一六八八）、国王に待望の王子が生まれた。これが後の景宗《けいそう》である。翌十五年（一六八九）、粛宗は景宗を「元子《げんし》」に冊立し、これを将来の「世子《せいし》（王世子、世継ぎ）」とすることを宣言した。ところが、その生母は南人家門出身の禧嬪《きひん》張氏である。対立する西人の官僚たちは、将来、正室に嫡子が生まれた場合、かつての光海君と同様、景宗の立場が問題となることを理由として早急な「元子」冊立には反対する。しかし粛宗は聞く耳をもたず、反対する官僚たちを軒並み処分して景宗の「元子」冊立を強行した。そのうえで正室の閔氏は廃位。ついで景宗の「世子」冊立と、禧嬪張氏の「中宮」冊立が行われる。

この過程で西人の領袖である宋時烈《そうじれつ》（一六〇七～一六八九）や金寿恒《きんじゅこう》（一六二九～一六八九）は「賜死」の処分を受け、その他の有力者も失脚して南人が政権を掌握した。この粛宗十五年（一六八九）の政変を、西人の人々は「己巳士禍《きししか》」と称している。

両賢の黜享

敵対勢力を追い落とすためには、その権威の大本を刈り取っておかなければならない。かくして己巳士禍の年に李珥・成渾の文廟からの黜享《ちゅっきょう》が断行されたが、その理由付けについては特に目新しい議論はなかった。李珥についてはかつて仏教（禅）に迷っていたことと、李滉の理気説を批判したことなどがあげつらわれ、成渾については鄭澈に組して崔永慶を死に追いやったことと、壬辰の乱に際して君主を見捨て、日本との和議を推進したことなどが、「儒賢」の名にふさわしくない振舞いとしてあげつらわれたのであった。

朝鮮王室系図2

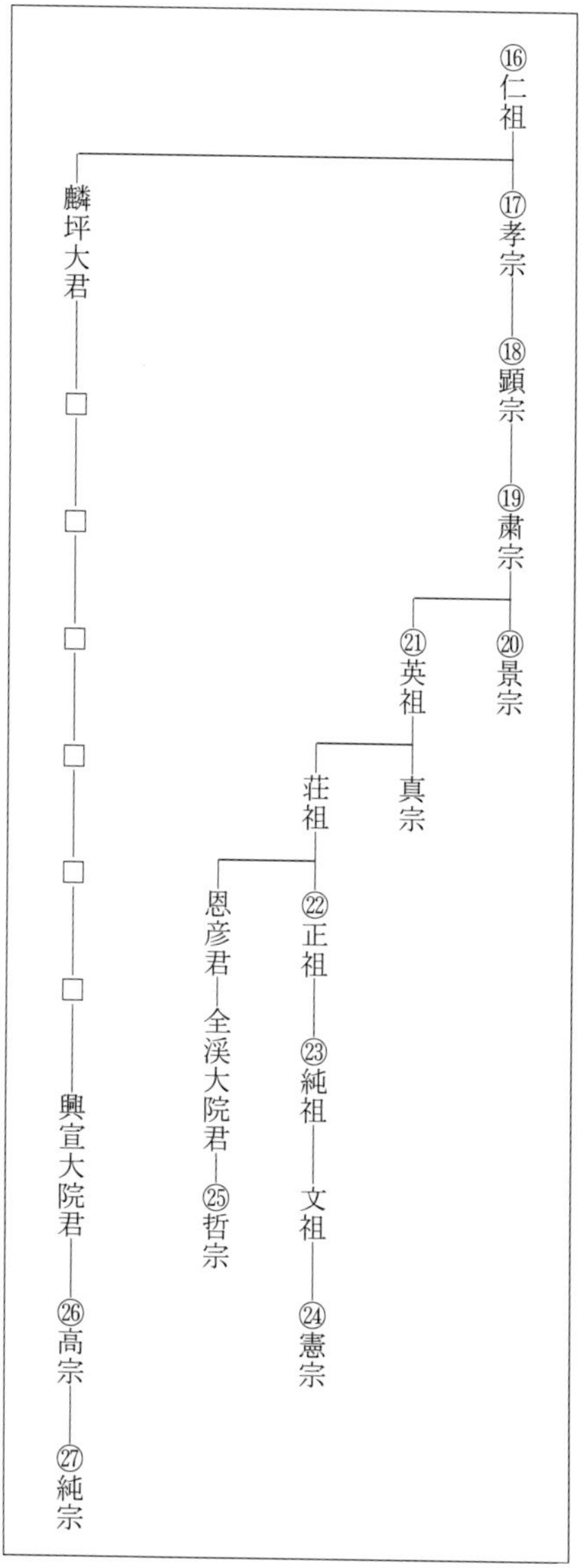

⑯仁祖
⑰孝宗
⑱顕宗
⑲粛宗
⑳景宗
㉑英祖
真宗
荘祖
㉒正祖
㉓純祖
文祖
㉔憲宗
恩彦君
全渓大院君
㉕哲宗
麟坪大君
興宣大院君
㉖高宗
㉗純宗

なお、李珥・成渾の黜享と同時に、彼らの親友であった鄭澈についても追加の処分が下る。すでに亡くなって久しい鄭澈もまた、粛宗十七年（一六九一）に追奪官爵《ついだつかんしゃく》の処分を受けることになった。これは死者の生前の名誉をすべて剥奪する処分で、「死者の一律（死者にとっての死刑）」とも呼ばれるもっとも重い処分であった。

両賢の復享

しかし、南人の支配も長くは続かなかった。粛宗の寵愛が張氏から離れると、粛宗は突如として張氏を廃位し、西人家門の閔氏を中宮に復位させる。南人勢力の没落である。これに伴い、李珥・成渾は再び文廟従祀の列に加わり、同時に親友である鄭澈の官職も追復された。これが粛宗二十年（一六九四）のことで、西人の人々はこれを「甲戌更化《こうじゅつこうか》」と称している。

このように態度を二転三転させた粛宗に対する実録の撰者の目は厳しい。

――両賢の陞享を認めた粛宗が、その後、黜享し、さらにその後、復享を認めたのは、ただ朝廷の党勢に従って漫然とその輿論を受け入れていたにすぎない。文廟に配享されようと黜享されようと、両賢の道徳には何らかかわりのないことである。（『粛宗実録』十五年三月乙酉条）

李珥・成渾の陞享・黜享・復享の過程は、まさしく西人勢力の消長に対応している。このころの文廟従祀は、いわば「党争のバロメーター」と化していたのである。

第三節　その後の文廟従祀

西人勢力による政局支配とともに、その後は主として西人系の人々が文廟に従祀された。具体的には、粛宗四十三年（一七一七）に金長生《きんちょうせい》、英祖三十二年（一七五六）に宋時烈《そうじれつ》・宋浚吉《そうしゅんきつ》の両宋が、それぞれ文廟に従祀された。彼らはいずれも西人の人々が尊崇してやまない「儒賢」である。したがって、この時期における文廟従祀は、もっぱら西人勢力の輿論によって導かれ、彼らの輿論を繋ぎ留めるために行われていたということができよう。

金長生の従祀

金長生は粛宗四十三年（一七一七）五月二十日に文廟従祀の列に加えられた。彼は『喪礼備要』を編纂した礼論の大家として、かつ宋時烈の師匠として知られている。この時、金長生は「西廡」において、自らの師である李珥の隣（下手）に配享された。

この年、すなわち粛宗四十三年（一七一七）の七月には、いわゆる「丁酉独対《ていゆうどくたい》」が行われ、粛宗と李頤命《りいめい》（老論、一六五八〜一七二二）との間で王世子（後の景宗）の処遇とその後の王位継承に関し、何らかの密約が交わされたといわれている。このころ、西人の分派である老論《ろうろん》と少論《しょうろん》は、激しい

表6　文廟従祀(粛宗43年、1717)

西廡	東廡
②崔致遠	①薛聡
④鄭夢周	③安裕
⑥鄭汝昌	⑤金宏弼
⑧李彦迪	⑦趙光祖
⑩李珥	⑨李滉
⑫金長生	⑪成渾

勢力争いを繰り広げていた。このうち、老論の人々は宋時烈を支持し、少論の人々は尹拯《いんじょう》を支持している。金長生を文廟従祀の列に加えたことは、いわば粛宗と老論との密約の下地であり、かつそれは両宋（宋時烈・宋浚吉）の文廟従祀を導くための、いわば露払いとしての役割をも担っていたのである。

両宋の従祀

金長生の文廟従祀が実現すると、老論系の知識人たちは、さらに宋時烈・宋浚吉の二人を文廟従祀の列に加えるべく請願運動を展開した。この「両宋」こそは老論の領袖であり、かつ李珥・成渾や金長生の学統を受け継ぐ朝鮮儒学の「正統」と目されていたからである。

英祖三十二年（一七五六）、この年は朝鮮が清朝に屈服した「丙子胡乱」から数えて百二十年後の「丙子年」に当たっている。

いったい朝鮮の知識人たちは、この「丙子年」に清朝に屈服し、壬辰・丁酉の倭乱で朝鮮を救った大恩のある明朝を裏切ってしまったことに痛切な負い目を感じていた。しかし、だからこそ朝鮮後期においては、この明朝に対する「尊周」の大義——具体的には満洲族の清朝を駆逐して雪辱を果たし、かつは中華の正統王朝の復興を助けて明朝の讎を復すること——が、国内では公然たる

「国是」として位置づけられていた。そうして、この「尊周」の大義をだれよりも強調していたのが、老論の領袖である宋時烈に他ならない。彼の文廟従祀が「丙子年」に実現したことの意味は明らかであろう。

ちなみに、宋浚吉は宋時烈の竹馬の友で、宋時烈より一年年上であるが、学問的には宋時烈のほうが功績が大きいので宋時烈が上位に祀られている。この点は金宏弼と鄭汝昌との関係、および李珥と成渾との関係と同様である。

朴世采の従祀

老論の領袖である「両宋」の文廟従祀について、敵対する少論や南人の知識人たちはもとより不満を抱いていたが、その声を抑えて英祖《えいそ》が「両宋」の文廟従祀を実現させたことは、このころすでに老論・少論の対立が、英祖の掲げる「蕩平策《とうへいさく》」——各党派の人材を均等に登用する政策——によってある程度まで解消されていたことの反映でもあった。このため両宋の文廟従祀を認めた英祖は、その一方では少論の輿論にも一定の配慮を示し、英祖四十年（一七六四）——明が滅亡してから百二十年後の「甲申年」——に、新たに少論の朴世采《ぼくせいさい》を文廟従祀の列に加え

表7　文廟従祀（英祖32年、1756）

西廡	東廡
②崔致遠	①薛聡
④鄭夢周	③安裕
⑥鄭汝昌	⑤金宏弼
⑧李彦迪	⑦趙光祖
⑩李珥	⑨李滉
⑫金長生	⑪成渾
⑭宋浚吉	⑬宋時烈

ている。

朴世采（一六三一～一六九五）は英祖の父である粛宗の代に党争の解消――いわゆる「蕩平」――を唱え、英祖の進める蕩平策の先駆けとなった人物である。英祖はこの朴世采を文廟従祀の列に加えて老論・少論のバランスを取り、これをもって「蕩平の標準」としたのである。老論の一部はこれに反発して朴世采の文廟従祀の取り消し（黜享）を求めたが、英祖はあくまでも「蕩平」の方針を崩さなかった。

表8　文廟従祀（英祖40年、1764）

西廡	東廡
②崔致遠	①薛聡
④鄭夢周	③安裕
⑥鄭汝昌	⑤金宏弼
⑧李彦迪	⑦趙光祖
⑩李珥	⑨李滉
⑫金長生	⑪成渾
⑭宋浚吉	⑬宋時烈
	⑮朴世采

金麟厚の従祀

英祖の孫である正祖《せいそ》の時代、文廟従祀の列には新たに金麟厚《きんりんこう》が付け加えられた。正祖二十年（一七九六）のことであるが、これについても正祖の「蕩平策」が関係している。

金麟厚（一五一〇～一五六〇）は、幼いころから詩作に巧みで、「神童」と呼ばれるほどの早熟な詩人であった。その後、科挙に及第して東宮（後の仁宗）に侍講官として仕えたが、仁宗の没後は官途を辞し、もっぱら在野の詩人として生涯を過ごした。金麟厚が没後に評価を高めたのは、なにより士林派の尊崇する仁宗に忠節を尽くしたその生きざまからであった。

ただし朝鮮後期に入ると、朝鮮儒学の発展とともに彼の「道学者」としての再評価が進む。金麟厚は幼いころ金安国《きんあんこく》（慕斎、一四七八～一五四三）より『小学』の手ほどきを受け、終生『小学』を習読してやまなかった。中宗朝の末、他に先駆けて「己卯名賢」の名誉回復を訴え、『小学』の学習の復興を求めたのも彼である（『河西先生全集』巻十一、弘文館箚子［癸卯］）。

図 17　筆岩書院の正門（廓然楼）

また金麟厚は、周敦頤《しゅうとんい》の「太極図説」と張載《ちょうさい》の「西銘」についても深い理解を有していた。彼は同時代の李《り》滉《こう》（一五〇一～一五七〇）や奇大升《きだいしょう》（一五二七～一五七二）とも交遊があり、李滉と奇大升とが「理気」の概念をめぐって有名な論争を交わしたときにも、実のところ奇大升は金麟厚との個人的な討論を踏まえ、金麟厚の説を受け売りしていたのである、ともいわれている。これは多少、後世の後付けの説話という気配がないではないが、ともあれ金麟厚は、ある意味では李滉をも上回る偉大な性理学者として祭り上げられていくことになった。このため顕宗朝に入ると、金麟厚を祀る筆岩書院が朝廷公認いる。

の賜額書院となり、これを記念して宋時烈が彼の「神道碑」、金寿恒《きんじゅこう》が彼の「墓誌銘」を執筆して

以上の経緯からも明らかなとおり、金麟厚はどちらかというと西人の、それも老論の人々からの尊崇を集めていた。その金麟厚を、党争嫌いの正祖がにわかに文廟従祀の列に加えたのはいったいなぜであろうか。

そもそも、このころ西人（老論）の人々が願い出ていたのは、趙憲《ちょうけん》と金集《きんしゅう》との文廟従祀であった。これに対して正祖はみずから金麟厚を指名し、趙憲と金集とを差し置いて、まずは金麟厚の文廟従祀を命じているのである。

なるほど、金麟厚は西人系の人々の尊崇を集めているが、彼自身はあくまでも東西分党以前の人であり、しかも、士林派の人々が共通して尊崇していた仁宗の先生（侍講官）にあたる人物であった。そのうえ金麟厚は、金安国《きんあんこく》の学統を受け継ぐ『小学』の信奉者としても知られている。つまり金麟厚は、党争以前の士林派の伝統を象徴する人物として選び取られているのである。

だからこそ、正祖は金麟厚を「蕩平」のシンボルとみなし、彼を「海東の周子（周敦頤）」とまで激賞しているのであろう。

配列の変更

もっとも、党争以前の人物である金麟厚を、さかのぼって新たに文廟従祀の列に加えたことは、東西廡の位牌の序列にいささか面倒な変更をもたらすことにもなった。

文廟従祀の列は、東を上座とし、「東・西・東・西」の順に配列されている。たとえば、顔子・曽子・子思子・孟子の「四聖」についてみると、顔子は東一位に居り、曽子は西二位に居り、子思子は東三位に居り、孟子は西四位に居り、東西を通じて数えると、「顔曽思孟」の順番になっている。ところが金麟厚は、年代からいえば李彦迪・李滉の次に当たっていた。そこで彼を李滉の次の位（西廡の李彦迪の下）に入れるとなると、それ以降の人物はすべて順送りに席を移さなければならなくなる。このため西廡に祀られていた李珥・金長生・宋浚吉は、それぞれ金麟厚に押し出される格好で東廡に遷り、東廡に祀られていた成渾・宋時烈・朴世采は入れ替わりに西廡に遷る。それぞれが一段ずつ位を繰り下げることになったのである（『正祖実録』二十年十一月丁未条）。この点、宗廟の昭穆《しょうぼく》の位牌とは配列の原理が異なることにも注意しておきたい。

表9　文廟従祀（正祖20年、1796）

西廡	東廡
②崔致遠	①薛聡
④鄭夢周	③安裕
⑥鄭汝昌	⑤金宏弼
⑧李彦迪	⑦趙光祖
⑩金麟厚	⑨李滉
⑫成渾	⑪李珥
⑭宋時烈	⑬金長生
⑯朴世采	⑮宋浚吉

趙憲・金集の従祀

そうして高宗二十年（一八八三）十一月二十日、最後に趙憲《ちょうけん》と金集《きんしゅう》の二人が文廟従祀の列に加えられる。傍系から即位した高《こう》

表10　文廟従祀（高宗20年、1883）

西廡	東廡
②崔致遠	①薛聡
④鄭夢周	③安裕
⑥鄭汝昌	⑤金宏弼
⑧李彦迪	⑦趙光祖
⑩金麟厚	⑨李滉
⑫成渾	⑪李珥
⑭趙憲	⑬金長生
⑯宋時烈	⑮金集
⑱朴世采	⑰宋浚吉

宗《そう》は、本生父の大院君《たいいんくん》が南人寄りであったこととは打って変わり、妻である閔妃《びんひ》の影響もあって、自ら「老党（老論）」と称していた（金沢栄『韓史綮』高宗十五年条）。したがって、このときの従祀の背景にも、老論系の知識人の輿論の支持を集めて政権の基盤を固める意図のあったことは容易に想像することができよう。かくして王朝政治の最後の時期に、いわゆる「東国十八賢」の文廟従祀が完成する。それは大勢としては西人系、特に老論系を中心とする構成となった。

もっとも趙憲と金集は、それぞれ李珥・成渾よりは世代が下、かつ宋時烈・宋浚吉・朴世采よりは世代が上の人物である。そこでこの二人を文廟従祀の列に加える際に、宋時烈・宋浚吉・朴世采の三人は、それぞれ順送りに位を遷さなければならなかった。

かくして「東国十八賢」の序列が確立すると、そのなかにおいて成渾の位牌は文廟の「西廡」に列し、西廡のなかでは金麟厚の下、趙憲の上に位置することになった。

その後も、李恒《りこう》、柳希春《りゅうきしゅん》、盧禛《ろしん》、朴淳《ぼくじゅん》、奇大升などの、いわゆる「湖南五賢」に対する文廟従祀の請願が続くが、それらは認められないまま、結局、王朝それ自体の滅亡を迎えることになる。

高宗は東宮（後の純宗）とともに自ら「一国儒教の宗主」となり、「箕子・孔子の道を闡《ひら》いて聖祖

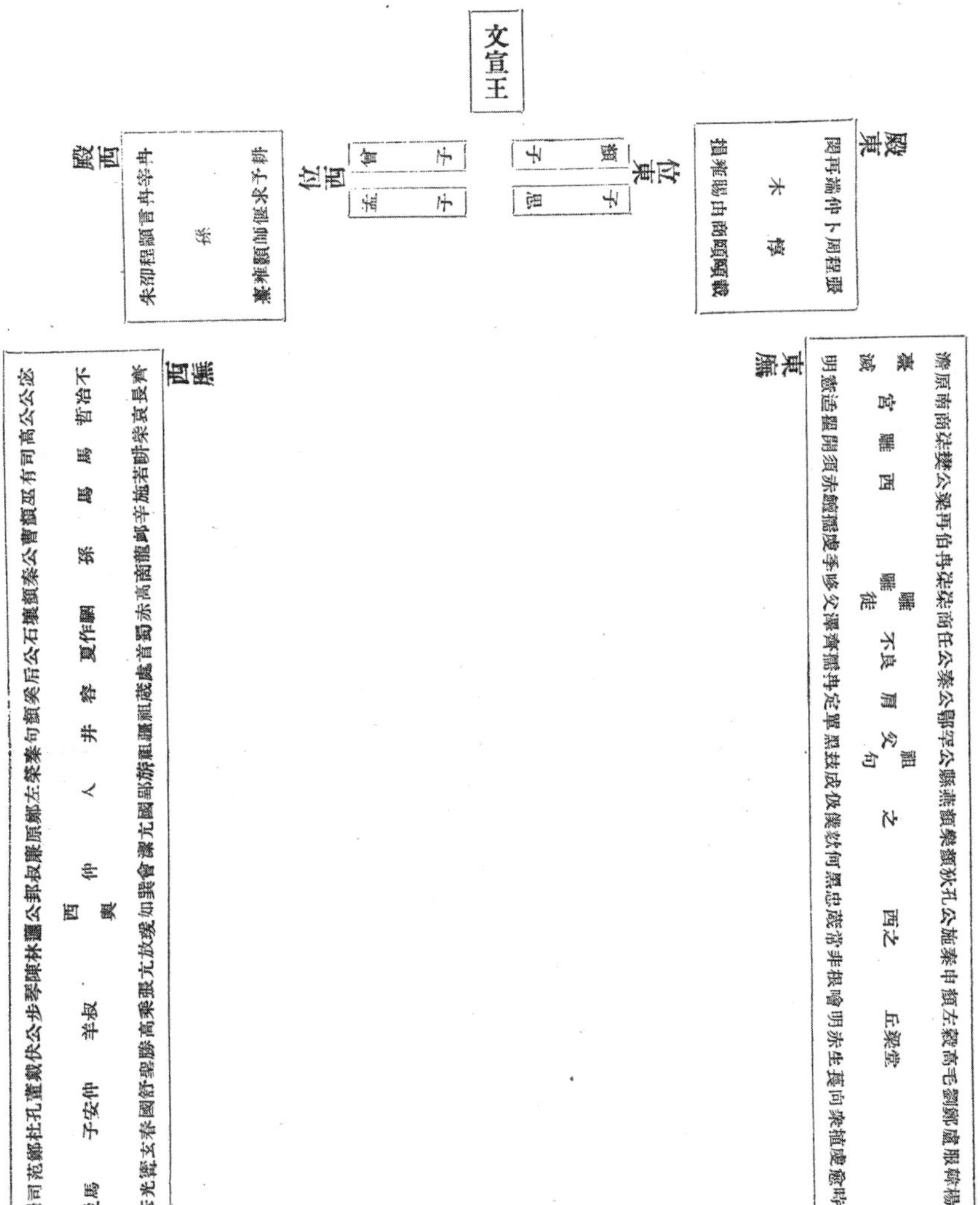

図18　文廟享祀図（朝鮮文廟及陞廡儒賢）

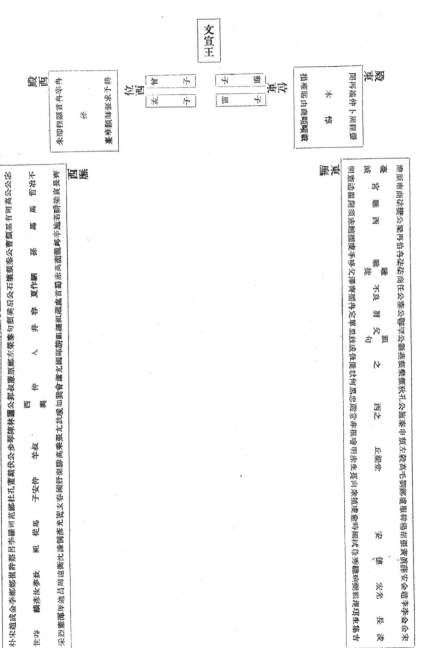

の志を紹《つ》ぐ」こと、すなわち儒教の国教化によって「大韓帝国」を建て直すことを志していたが（『高宗実録』光武三年〈一八九九〉四月二十七日条）、それは結局のところ見果てぬ夢にすぎなかった。

＊

そして今日、成渾の位牌は「西廡」から「大成殿」の殿内に移され、いわゆる「東国十八賢」の一人として文廟に祀られている。それが植民地支配からの解放、いわゆる「光復」に際してのナショナリズムの高揚にともなう変更であったことは、本書の「はしがき」に述べたとおりである。

あとがき

　歴史学徒のはしくれとして、いつかはだれかの評伝を書きたいと考えていた。しかし、その主人公として成渾《せいこん》を選び取ることになろうとは、数年前までは全く予想外のことであった。

　成渾は朝鮮儒教を代表する儒学者の一人であり、いわゆる道学先生の典型である。その生涯にはいくつかの政治的な波乱があったとはいえ、本人は至って真面目な学者で、お世辞にも評伝向きの面白みのある人物とはいえそうにない。自らは決して政治の渦中に飛び込もうとせず、また後世のために積極的に著作を残すこともなかった。いわば偉大なる空白である。しかしその空白を一つの軸として歴史の歯車はギリギリと回転を続け、数多くの人々をそのなかに引きずり込んでいった。それが成渾のもつ人格的な魅力によるものだったのか、それとも外面的な名声を慕ったものにすぎなかったのか……。直接謦咳《けいがい》に接することのできない後世の我々にとっては、それは結局のところ永遠の謎というほかはないのかもしれない。

　とはいえ、成渾に魅せられた人々は確かに存在したし、逆に激しく憎悪した人々もまた少なからず存在した。今回、彼とその門人たちの文集を集成した『聴松・牛渓集』、『牛渓門徒・坡山及門《きゅうもん》諸賢集』（いずれも『李朝中期思想叢書』所収、ソウル、亜細亜文化社）を通読して、彼とその門人たちが残したインパクトの大きさに今更ながらに思い至り、これまで断片的には理解していたつもりであった事柄を、改めて成渾を軸に纏めなおしてみた次第である。

ソウルの文廟に関しては『朝鮮文廟及陞廡儒賢年表』（一九二四年、京城、朝鮮史学会）、『朝鮮陞廡儒賢』（一九二八年、京城、大東斯文会）などの戦前の史料を参照したことはもちろんであるが、それにもまして、やはり成均館大学を訪ねた際に直接「大成殿」や「明倫堂」を実見したことの思い出が本書の執筆の支えとなった。このほか、本書に掲載した写真は筆者がかつて韓国の各地を遊覧した際に旅の思い出として撮影しておいたものであるが、それらも実は成渾やその門人たちの足跡に少なからず関わりをもっていたことに、今更ながら驚きの思いを深めている。なにも「運命的な出会いであった」などと気取るつもりはない。それは成渾やその門人たちの存在が、それだけ韓国の歴史に広く影響を及ぼしていたことの当然の結果にすぎないのであるから。ただし、今般のコロナ禍によって、坡州の「坡山書院」を直接訪問する機会を逸したことだけは残念であった。

本書では成渾という一儒学者の生涯をとおして朝鮮時代における儒教政治の特質を描くことに努めた。成渾本人というよりは、その周辺の出来事に多くの紙面を割くことになったが、結局のところ、それは彼が道学者として達成した道徳の境地とは何ら関わりのない、歴史上の泡沫の出来事にすぎなかったというべきなのかもしれない。

坡平山の月は、今も牛渓の水面を静かに照らし続けていることであろう。

文献案内

本書の時代背景を理解するために、朝鮮時代の政治・経済・社会・思想・文化に関する一般向けの書籍を紹介しておく（著者五十音順）。

姜在彦《カンジェオン》『朝鮮半島史』（角川ソフィア文庫、二〇二一年）
姜在彦『朝鮮儒教の二千年』（講談社学術文庫、二〇一二年）
北島万次『秀吉の朝鮮侵略』（山川出版社、二〇〇二年）
桑野栄治『李成桂：天翔る海東の龍』（山川出版社、二〇一五年）
田代和生『新・倭館：鎖国時代の日本人町』（ゆまに書房、二〇一一年）
野崎充彦『「慵斎叢話」：15世紀朝鮮奇譚の世界』（集英社新書、二〇二〇年）
河宇鳳《ハウボン》『朝鮮王朝時代の世界観と日本認識』金両基監訳、小幡倫裕訳（明石書店、二〇〇八年）
水野俊平『朝鮮王朝を生きた人々』（河出書房新社、二〇一二年）
水野俊平『庶民たちの朝鮮王朝』（角川学芸出版、二〇一三年）
宮嶋博史『両班』（中央公論社、一九九五年）

矢木毅『韓国・朝鮮史の系譜』（塙書房、二〇一二年）
矢木毅『韓国の世界遺産 宗廟』（臨川書店、二〇一六年）
山内弘一『朝鮮からみた華夷思想』（山川出版社、二〇〇三年）
尹学準《ユンハクチュン》『オンドル夜話』（中央公論社、一九八三年）
六反田豊『朝鮮王朝の国家と財政』（山川出版社、二〇一三年）

その他、挙げだせば切りがないので、近年刊行の入手しやすいものにとどめておく。それぞれの興味に従って読み進めていただければ幸いである。

年表

太祖元年（一三九二）	太祖李旦即位（高麗滅びる）	
太祖三年（一三九四）	漢陽に遷都	
端宗元年（一四五三）	癸酉士禍（金宗瑞没）	
世祖二年（一四五六）	丙子士禍（死六臣）	
成宗二十二年（一四九一）		李彦迪生まれる
成宗二十四年（一四九三）		成守琛生まれる
燕山君四年（一四九八）	戊午士禍（史禍）	
燕山君七年（一五〇一）		李滉生まれる
燕山君十年（一五〇四）	甲子士禍	
中宗元年（一五〇六）	丙寅反正（中宗即位）	
中宗五年（一五一〇）	三浦倭乱	金麟厚生まれる
中宗十二年（一五一七）	鄭夢周を文廟に従祀	
中宗十四年（一五一九）	己卯士禍（趙光祖賜死）	

中宗十六年（一五二一）	辛巳士禍	
中宗三十年（一五三五）		成渾生まれる
中宗三十一年（一五三六）		李珥生まれる 鄭澈生まれる
中宗三十九年（一五四四）	蛇梁倭変	趙憲生まれる
仁宗元年（一五四五）	乙巳士禍	
明宗三年（一五四八）		金長生生まれる
明宗四年（一五四九）	己酉士禍	
明宗七年（一五五二）	遺逸の薦（成守琛ほか）	閔仁伯生まれる
明宗八年（一五五三）		李彦迪没
明宗十年（一五五五）	達梁倭変	
明宗十四年（一五五九）		成文濬生まれる 呉允謙生まれる
明宗十五年（一五六〇）		金麟厚没
明宗十七年（一五六二）	鄭澈及第	黄慎生まれる
明宗十九年（一五六四）	李珥及第	成守琛没

明宗二十一年（一五六六）	遺逸の薦（李恒ほか）	
明宗二十二年（一五六七）		姜沆生まれる
宣祖三年（一五七〇）	『国朝儒先録』刊行	李滉没
宣祖四年（一五七一）		尹煌生まれる
宣祖七年（一五七四）		金集生まれる
宣祖八年（一五七五）	乙亥党論（東西分党）	
宣祖十六年（一五八三）	癸未三竄	
宣祖十七年（一五八四）		李珥没
宣祖十八年（一五八五）	沈義謙、罷職（西人失脚）	
宣祖二十年（一五八七）	倭寇（損竹島）、倭使	
宣祖二十二年（一五八九）	鄭汝立の獄	
宣祖二十三年（一五九〇）	日本に通信使を派遣	
宣祖二十四年（一五九一）	通信使帰国 辛卯士禍（西人失脚）	
宣祖二十五年（一五九二）	壬辰倭乱	趙憲没

宣祖二十六年（一五九三）	碧蹄館の戦い 晋州城の陥落 宣祖還都	鄭澈没
宣祖二十七年（一五九四）	鄭澈の官爵を追奪	
宣祖二十九年（一五九六）	李夢鶴の乱 冊封使・通信使渡日	
宣祖三十年（一五九七）	丁酉再乱	
宣祖三十一年（一五九八）	豊臣秀吉没（日本撤兵）	成渾没
宣祖三十三年（一六〇〇）	姜沆帰国 明兵撤退	
宣祖三十五年（一六〇二）	成渾の官爵を追奪 文廟重建	
宣祖三十九年（一六〇六）	犯陵賊を処刑	宋浚吉生まれる
宣祖四十年（一六〇七）	回答使を日本に派遣（講和）	宋時烈生まれる
光海君元年（一六〇九）	己酉約条（対馬との交易を再開）	
光海君二年（一六一〇）	金宏弼・鄭汝昌・趙光祖・李彦迪・李滉を文廟に従祀（五賢従祀）	

光海君四年（一六一二）	壬子士禍	
光海君五年（一六一三）	癸丑士禍（西人失脚）	
光海君九年（一六一七）	回答使を日本に派遣	黄慎没
光海君十年（一六一八）	廃母（仁穆大妃を廃位）	姜沆没
仁祖元年（一六二三）	癸亥反正（仁祖即位） 成渾の官爵を追復	
仁祖二年（一六二四）	鄭澈の官爵を追復	
仁祖四年（一六二六）		閔仁伯没 成文濬没
仁祖五年（一六二七）	丁卯胡乱（後金と和親）	
仁祖九年（一六三一）		金長生没 朴世采生まれる
仁祖十四年（一六三六）	丙子胡乱（翌年に清朝に下る）	呉允謙没
仁祖十七年（一六三九）		尹煌没
孝宗七年（一六五六）		金集没
孝宗十年（一六五九）	己亥礼訟（西人と南人の争い）	

顕宗十三年（一六七二）		宋浚吉没
顕宗十五年（一六七四）	甲寅礼訟（西人失脚）	
粛宗六年（一六八〇）	庚申換局（南人失脚）	
粛宗八年（一六八二）	李珥・成渾を文廟に従祀（両賢従祀）	
粛宗十五年（一六八九）	己巳士禍（西人失脚） 李珥・成渾を文廟から黜享	宋時烈没
粛宗十七年（一六九一）	鄭澈の官職を追奪	
粛宗二十年（一六九四）	甲戌更化（南人失脚） 李珥・成渾を文廟に復享 鄭澈の官職を追復	
粛宗二十一年（一六九五）		朴世采没
粛宗四十三年（一七一七）	金長生を文廟に従祀	
英祖三十二年（一七五六）	宋時烈・宋浚吉を文廟に従祀（両宋従祀）	
英祖四十年（一七六四）	朴世采を文廟に従祀	
正祖二十年（一七九六）	金麟厚を文廟に従祀	
高宗二十年（一八八三）	趙憲・金集を文廟に従祀	

人名索引

（日本語読み、五十音、筆画順）

あ 行

か 行

さ　行

た　行

な　行

は　行

ま　行

や　行

ら　行

事項索引

（日本語読み、五十音、筆画順）

あ 行

か 行

さ 行

た　行

な　行

は　行

ま　行

や　行

ら　行

わ　行

矢木　毅（やぎ　たけし）

1964年富山県生まれ。京都大学文学部卒業。京都大学博士（文学）。京都大学人文科学研究所教授。専攻は朝鮮中世近世史、特に政治史・政治制度史の研究。主な著書に『朝鮮朝刑罰制度の研究』（朋友書店、2019）、『韓国の世界遺産 宗廟―王位の正統性をめぐる歴史』（臨川書店、2016）、『韓国・朝鮮史の系譜―民族意識・領域意識の変遷をたどる』（塙書房、2012）、『高麗官僚制度研究』（京都大学学術出版会、2008）などがある。

評伝　成牛渓――朝鮮の孔子廟と儒学者

二〇二二年七月三十日　初版発行

著者　矢木　毅
発行者　片岡　敦
印刷
製本　モリモト印刷株式会社

発行所　株式会社　臨川書店
606-8204　京都市左京区田中下柳町八番地
電話(〇七五)七二一―七一一一
郵便振替　〇一〇七〇―二―八〇〇

落丁本・乱丁本はお取替えいたします
定価はカバーに表示してあります

ISBN978-4-653-04536-6 C0022